中国乡村振兴与工会工作

辛宝英◎等著

中国社会科学出版社

图书在版编目（CIP）数据

中国乡村振兴与工会工作 / 辛宝英等著. -- 北京：中国社会科学出版社，2024.9. -- ISBN 978-7-5227-4038-6

Ⅰ．D412.6；F320.3

中国国家版本馆 CIP 数据核字第 2024YL8440 号

出 版 人	赵剑英
责任编辑	王　衡
责任校对	王　森
责任印制	王　超

出　　版	中国社会科学出版社
社　　址	北京鼓楼西大街甲 158 号
邮　　编	100720
网　　址	http://www.csspw.cn
发 行 部	010-84083685
门 市 部	010-84029450
经　　销	新华书店及其他书店
印　　刷	北京明恒达印务有限公司
装　　订	廊坊市广阳区广增装订厂
版　　次	2024 年 9 月第 1 版
印　　次	2024 年 9 月第 1 次印刷
开　　本	710×1000　1/16
印　　张	17.25
插　　页	2
字　　数	187 千字
定　　价	78.00 元

凡购买中国社会科学出版社图书，如有质量问题请与本社营销中心联系调换
电话：010-84083683
版权所有　侵权必究

序 一

中国乡村振兴的工会责任担当

乡村，作为中华文明的发祥地，承载着丰富的历史文化底蕴，是国家发展最深厚的根基。在波澜壮阔的中华民族伟大复兴征程中，乡村振兴不仅是推动经济社会全面发展的关键一环，更是实现中华民族伟大复兴中国梦的必由之路。亿万农民的福祉与生活质量提升，将直接关系到中国式现代化建设的全局。工会作为党联系职工群众的桥梁和纽带，在推动乡村振兴的伟大实践中肩负着重要责任和使命。

多年来，山东管理学院辛宝英教授团队致力于乡村振兴问题的研究，谙熟中国工会工作，《中国乡村振兴与工会工作》一书基于工会的视角，对乡村振兴这一重要理论和实践课题进行了系统研究，这是一个全新的视角。本书深入探讨了乡村振兴与工会工作的内在联系，并系统梳理了工会在乡村振兴中的角色、地位、责任担当与实践举措，为广大工会工作者和乡村振兴实践者提供了有益的参考和借鉴。

在本书的撰写过程中，辛宝英教授团队坚持以习近平新时代中国特色社会主义思想为指导，立足于中国工会的组织优势和体制优势，紧密联系中国乡村振兴的实际，充分吸收国内外相关研究成果，对实践经验进行了深度挖掘，提出了不少新的理论观点，力求做到理论与实践相结合、历史与现实相贯通。特别难能可贵的是，他们总结梳理了工会助力乡村振兴的主要举措和一批典型案例，将为各级工会干部及其他管理干部提供有价值的参考借鉴。

产业兴则乡村兴，产业振兴是乡村振兴的首要任务。产业的发展，离不开两方面的人才队伍：一是创业者队伍；二是产业工人队伍。发展乡村产业，最便捷可行的措施是就地取材，从农村劳动力中寻找创业者和产业工人。预计2035年，中国城镇化率将达到75%—80%，新增近4亿城镇居民。城乡统筹的大背景下，必然会产生为数众多的返乡创业者。工会要积极服务农民工返乡创业，加强对农民工创业的培训，培养一批有文化、懂经营、会技术的农民工创业者，让他们不再千里迢迢地背井离乡，在本地就有实现自身发展的机会。建立劳模导师团，发挥专业优势，为创业者提供"一对一"服务，采取一帮多的"1+N"和多帮一的"N+1"服务模式，为创业者创业初期搭桥引路。聚焦有就业创业能力和意愿的农民工，大力推行"工创贷""工惠贷"，为他们提供创业资金支持。联合人社、工商联等组织召开企业招聘专场活动，依托工会线上平台同步推出"工会送岗"活动，定期推送各地就业信息，多措并举，畅通农民群体的就业渠道。

乡村振兴的核心在于人才振兴，而农民工正是这一振兴的主体力量。数以亿计的农民工，他们或具备专业技能，或拥有一定文化程度，或年轻有活力，或几者兼而有之，是乡村振兴的坚实支撑。改革开放以来，中国农民的面貌发生了巨大变化，呈现出前所未有的新特征，主要包括两类群体：一是农民工；二是在乡农民。根据第七次全国人口普查数据，农村户籍人口约7.9亿人，农村常住人口5.1亿人。根据国家统计局《2022年农民工监测调查报告》，2022年中国农民工总量为2.95亿人，其中本土农民工1.23亿人，外出农民工1.72亿人。2022年年末，在城镇居住的进城农民工1.33亿人。农民工早已成为中国工人阶级的新成员，是工人阶级发展壮大的重要来源，工会要从农村源源不断地补充工人阶级的新鲜血液。

文化振兴是乡村振兴的铸魂工程，为乡村全面振兴提供充足的精神动力。工会要致力于弘扬主旋律，培育乡村文化新风尚，大力开展文化活动和文化服务，推进乡村文化基础设施建设，推动乡村文化产业发展。

生态振兴是乡村振兴的重要支撑，在乡村振兴战略中具有重要地位。工会要积极助力生态振兴，引导群众树立绿色发展理念，参与乡村人居环境治理，组织职工参与乡村环保志愿服务活动，推动乡村绿色产业发展。

组织振兴是乡村振兴的保障条件，引领着乡村全面振兴。工会要紧紧抓住新时期农村劳动力转移和农民工返乡创业的机遇，开展新时代的工农结合，大力推进乡村工会组织建设，在农村织密织牢工会组织网，把投身于乡村振兴的各类人才吸纳到工会组织中来，不断扩大工会组织的覆盖面。同时，自觉加强自身组织建设，为职工群众竭诚服务，维护农民工的合法权益，与其他组织协同联动，实现优势互补。

乡村振兴是一场深刻的社会变革，也是一项长期而艰巨的任务。工会要围绕中心、服务大局，积极投身到乡村振兴的伟大实践中去，共同书写乡村振兴的壮丽篇章，为实现中华民族伟大复兴的中国梦贡献智慧和力量！

是为序。

全国总工会研究室主任　陶志勇

2024 年 4 月 17 日于北京

序 二

研究乡村，服务乡村，书写乡村全面振兴中的中国工会故事

农为邦本，本固邦宁。农业是中华民族赖以生存、延续和发展的源泉。中华民族历代先祖始终把农业作为强国之基、兴国之本。自中国共产党诞生之日起，"三农"问题就一直是党在各个历史时期工作的重中之重。在新民主主义革命时期，工农联盟是革命的主要力量，"三农"为夺取革命胜利提供了重要依靠；在社会主义革命和建设时期，农业是工业化物质积累的主要来源，"三农"为社会主义国家建立发展奠定了重要基础；在改革开放和社会主义现代化建设时期，农村率先发起改革，"三农"为中国经济腾飞发挥了重要助推作用。

民族要复兴，乡村必振兴。党的十八大以来，以习近平同志为核心的党中央坚持把解决好"三农"问题作为全党工作的重中之重，站在统筹中华民族伟大复兴战略全局和世界百年未有之大变局的高度，引领推进新时代农业农村现代化事业发展，带领全党全国各族人民为农业强、农村美、农民富不懈奋斗，打赢人类历史上规模最大的脱贫攻坚战，实施乡村振兴战略，新时代农业农村现代化事业

发展取得历史性成就、发生历史性变革。

党的二十大报告指出，全面建设社会主义现代化国家，最繁重、最艰巨的任务仍然在农村，最广泛最深厚的基础仍然在农村，进一步对全面推进乡村振兴作出系统部署，并首次提出"加快建设农业强国"。从目前形势看，农业农村发展的不平衡不充分问题，是我国现代化建设的重要短板，实现农业农村现代化，推进乡村全面振兴，是党在各个历史时期的不懈追求，是新时代各级党委政府必须扛起的重大政治责任。

乡村全面振兴涉及产业、文化、人才、生态和组织五个方面，是一个庞大的、系统的战略工程，需要调动多方力量协同推进。中国工会作为国家政权的重要社会支柱，担负着为全面建成社会主义现代化强国、实现第二个百年奋斗目标，以中国式现代化全面推进中华民族伟大复兴而奋斗的重大历史使命。团结动员广大亿万职工群众投入乡村全面振兴的伟大实践是中国各级工会组织当前和今后一个时期的重要工作。

进入新时代，中国工会组织充分发挥自身组织优势和资源优势，以勇于担当的精神积极参与到乡村振兴的伟大实践之中，有力推动了乡村全面振兴，产生了一大批典型案例和经典经验。对这些案例和经验进行梳理和总结，并加以宣传和推广，不仅是各级政府和工会组织的重要工作，也是乡村振兴和工会理论研究者的重要使命。难能可贵的是我校辛宝英教授团队率先对这一研究领域做了有益的尝试。他们撰写的《中国乡村振兴与工会工作》不仅探讨了工会参与乡村振兴的理论机制和制度优势，还系统全

序二　研究乡村，服务乡村，书写乡村全面振兴中的中国工会故事

面梳理和总结了中国各级工会组织参与乡村振兴的典型案例和经典经验，这一全新的视角不仅弥补了该领域研究的空白，也为各级工会组织进一步推进乡村振兴工作提供了理论思路和实践经验。

扎实实施乡村振兴战略，打造乡村振兴齐鲁样板，是习近平总书记交给山东的一项重大政治任务。作为一所以服务地方经济发展为己任的全国唯一一所具有工会背景的省属公办普通本科高校，山东管理学院在长期的办学实践中始终坚持依托自身优势特色，以服务国家重大战略和区域经济社会发展为使命，充分发挥在人才培养、科学研究和社会服务等方面的优势和智库作用。《中国乡村振兴与工会工作》是工会理论研究院与乡村振兴研究院研究团队长期调研与讨论的成果，也是学校服务乡村振兴与产业工人队伍建设改革等国家重大战略成果的体现。相信，该书中鲜明的理论观点、丰富的实践案例，必将为新时代从事"乡村振兴"相关的理论研究者和实践探索者，特别是各级工会干部提供系统性的观察视角和有益参考。

山东管理学院党委书记　魏　勇
2024 年 4 月 25 日于济南

前　言

党的十九大将乡村振兴确立为国家战略，党的二十大确立了以中国式现代化全面推进强国建设、民族复兴伟业的中心任务，并明确指出，全面建设社会主义现代化国家，最艰巨最繁重的任务仍然在农村，要坚持农业农村优先发展，坚持城乡融合发展，畅通城乡要素流动；加快建设农业强国，扎实推动乡村产业、人才、文化、生态、组织振兴，全面推进乡村振兴战略。党的二十届三中全会提出，当前和今后一个时期是以中国式现代化全面推进强国建设、民族复兴伟业的关键时期；城乡融合发展是中国式现代化的必然要求；必须统筹新型工业化、新型城镇化和乡村全面振兴，全面提高城乡规划、建设、治理融合水平，促进城乡要素平等交换、双向流动，缩小城乡差别，促进城乡共同繁荣发展。[①]《中华人民共和国国民经济和社会发展第十四个五年规划和2035年远景目标纲要》指出，要坚持把解决好"三农"问题作为全党工作重中之重，走中国特色社会主义乡村振兴道路。中国

---

① 《中共中央关于进一步全面深化改革　推进中国式现代化的决定》，人民出版社2024年版，第3、22页。

"三农"工作进入全面推进乡村振兴、加快农业农村现代化的新发展阶段。这是实现中国式现代化、建立共同富裕社会的必由之路，也是行动指南。习近平总书记指出："中国要强，农业必须强；中国要美，农村必须美；中国要富，农民必须富。"[①]"乡村振兴战略是关系全面建设社会主义现代化国家的全局性、历史性任务，是新时代'三农'工作总抓手""民族要复兴，乡村必振兴""从世界百年未有之大变局看，稳住农业基本盘、守好'三农'基础是应变局、开新局的'压舱石'"。[②] 为全面实施乡村振兴战略，促进农业全面升级、农村全面进步、农民全面发展，加快农业农村现代化，全面建设社会主义现代化国家，《中华人民共和国乡村振兴促进法》由中华人民共和国第十三届全国人民代表大会常务委员会第二十八次会议于2021年4月29日通过，自2021年6月1日起施行。党中央把乡村振兴与实现中国式现代化，在时间分段上也统一了起来：2035年基本实现社会主义现代化，同年基本实现农业农村现代化；2050年实现全面现代化，同年完成乡村全面振兴。在从传统农业、农村、农民向现代化农业、农村、农民转型的过程中，各级政府需要有所作为，探索具有中国特色的农业强国之路。2022年11月，中共中央办公厅、国务院办公厅印发《乡村振兴责任实施办法》，明确工会、共青团、妇联、科协、残联等群团组织应当

[①]《中央农村工作会议在北京举行　习近平李克强作重要讲话》，《人民日报》2013年12月25日第1版。
[②]《习近平同志〈论"三农"工作〉主要篇目介绍》，《人民日报》2022年6月7日第2版。

前　言

发挥优势和力量参与乡村振兴。

中国工会是中国共产党领导的职工自愿结合的工人阶级群众组织，是党联系职工群众的桥梁和纽带，是国家政权的重要社会支柱，是会员和职工利益的代表，承担着团结引导职工群众听党话、跟党走的政治责任。[①] 新征程上，中国工会组织坚持中国特色社会主义工会发展道路，把握为实现中华民族伟大复兴中国梦而奋斗的工人运动时代主题，弘扬劳模精神、劳动精神、工匠精神，动员和组织职工以党的旗帜为旗帜、以党的意志为意志、以党的使命为使命，坚定理想信念、坚守使命追求，为实现全面建成社会主义现代化强国、以中国式现代化全面推进中华民族伟大复兴的宏伟目标而奋勇前进。在全面推进乡村振兴战略中，中国工会组织深入贯彻习近平总书记关于工人阶级和工会工作的重要论述，围绕中心、服务大局，创新融入、积极作为，扛牢了使命担当，发挥工会组织优势，整合各方资源、搭建各类平台，推动农业全面升级、农村全面进步，在助力乡村振兴中贡献工会组织的智慧与力量，形成了一批工会助力乡村振兴战略的实践范式。

全面推进乡村振兴战略，有力有效推进乡村全面振兴，发挥各级工会组织及工会干部的作用尤为关键，他们迫切需要对乡村振兴战略的重大理论和实践问题进行全面学习。为此，我产生了写作《中国乡村振兴与工会工作》的想法，以问题为导向，深层次、全方位地阐发乡村振兴战略的实现路径，总结工会组织助力乡村振兴的主要举措与典型案

---

① 《中国工会章程》，法律出版社2023年版，第1、2页。

例，希望为各级工会干部及其他管理干部提供政策分析、管理方法、实施方案等内容借鉴，推动各级工会干部及其他管理干部能够更深刻地领会党中央部署精神，以更坚定的自信、更丰富的知识、更饱满的精神、更踏实的作风、更有效的举措，扎扎实实在乡村振兴战略中做出新的更大贡献。

辛宝英

2024 年 7 月 21 日

目 录

第一章　中国乡村振兴的工会责任担当 ……………（1）
　　一　乡村振兴，中华民族伟大复兴的题中
　　　　应有之义 ………………………………………（1）
　　二　中国乡村振兴的工会责任担当 ……………（7）

第二章　产业振兴与工会工作 ……………………（14）
　　一　产业振兴是乡村振兴的物质基础 …………（15）
　　二　工会组织助力产业振兴的主要举措与
　　　　实践案例 ………………………………………（32）

第三章　人才振兴与工会工作 ……………………（56）
　　一　人才振兴是乡村振兴的关键因素 …………（57）
　　二　工会组织助力人才振兴的主要举措与
　　　　实践案例 ………………………………………（74）

第四章　文化振兴与工会工作 ……………………（93）
　　一　文化振兴是乡村振兴的精神根基 …………（94）

二　工会组织助力文化振兴的主要举措与
　　　　实践案例 …………………………………… （113）

第五章　生态振兴与工会工作 ……………………… （129）
　　一　生态振兴是乡村振兴的重要支撑 …………… （129）
　　二　工会组织助力生态振兴的主要举措与
　　　　实践案例 …………………………………… （148）

第六章　组织振兴与工会工作 ……………………… （164）
　　一　组织振兴是乡村振兴的保障条件 …………… （164）
　　二　工会组织助力组织振兴的主要举措与
　　　　实践案例 …………………………………… （185）

附　录 ………………………………………………… （205）
　　一　乡村振兴政策梳理 …………………………… （205）
　　二　农业农村部规章目录 ………………………… （215）

参考文献 ……………………………………………… （253）

后　记 ………………………………………………… （258）

第一章

中国乡村振兴的工会责任担当

一 乡村振兴，中华民族伟大复兴的题中应有之义

当今世界正经历百年未有之大变局。世界经济复苏乏力，大国博弈日趋复杂，局部冲突和动荡频发，世界经济逆全球化思潮抬头。中国经济发展进入新常态，劳动力成本提升、人口老龄化进程加快、"刘易斯拐点"出现、居民储蓄率下降等一系列客观形势的深刻变化，在一定程度上制约了构建现代化体系的步伐。面对严峻复杂的国际形势和接踵而至的巨大风险挑战，中国坚持了不同于西方制度的"中国特色社会主义"新型举国体制，以中国式现代化全面推进中华民族伟大复兴，全面贯彻新发展理念，着力推动高质量发展，主动构建新发展格局，牢牢掌握了中国发展和安全的主动权，打赢了人类历史上规模最大的脱贫攻坚战，推动中国迈上全面建设社会主义现代化国家新征程。党的二十大确立了以中国式现代化全面推进强国建设、民族复兴伟业的中心任务。党的二十届三中全会明确，"城乡融合发展是中国式现代

化的必然要求"。① 更好推进中国式现代化建设，需要始终把农业农村现代化放在更加突出的重要位置。

（一）中国实施乡村振兴战略的背景

乡村兴则国家兴，乡村衰则国家衰。夫农者，国之本，本立然后可以议太平。回顾中华上下五千年历史，农村经济的发展、农村的稳定和农民生活的改善，始终是国家兴衰的重要标志。自2004年以来，历年中央一号文件主题均是关于农村农业农民的问题，"三农"问题成为"重中之重"。改革开放四十多年的建设，中国农村地区的经济发展、生态环境、基础设施建设取得重大发展。"三农"问题成为"重中之重"的二十多年来，各地方政府在推动新农村建设、城乡统筹和美丽乡村建设等方面做了大量的有益探索和改革创新，但中国农村面积大、人口多，农村发展的差异性和多样性特征明显，特别是随着工业化、城镇化进程的快速推进，城乡发展不平衡、农村发展不充分问题日益突出。农村人口结构失衡、生态环境退化、传统文化衰落，农村基础设施和产业发展严重滞后于城市，民生领域欠账太多，城乡居民收入差距依然较大。2017年10月，党的十九大报告做出了"中国特色社会主义进入新时代，我国社会主要矛盾已经转化为人民日益增长的美好生活需要和不平衡不充分的发展之间的矛盾"的科学论断。在中国社会主要矛盾发生变化的背景下，全面

---

① 《中共中央关于进一步全面深化改革　推进中国式现代化的决定》，人民出版社2024年版，第22页。

建设社会主义现代化国家，实现中华民族伟大复兴，最艰巨、最繁重的任务依然在农村，最广泛、最深厚的基础依然在农村。中国农业、农村、农民问题，依然是根本性的国计民生问题，是贯穿中国现代化过程的基本问题。实施乡村振兴战略，正是基于中国特色社会主义进入新时代的科学论断，围绕当前社会主要矛盾变化的准确判断，结合中国乡村当前亟须解决的重大问题而做出的重大战略抉择。

（二）实施乡村振兴战略的重大意义

从中华民族伟大复兴战略的全局看，民族要复兴，乡村必振兴。乡村承载着中华文明永续发展之根，蕴藏着中华民族从哪里来到哪里去的基因。乡村即是中华文明发展的基础和前提，也是中国发展的原动力所在。乡村兴则中国兴，是中华文明演化和传承遵循的规律。2020年12月28日，习近平总书记在中央农村工作会议上指出："现在，我们的使命就是全面推进乡村振兴，这是'三农'工作重心的历史性转移。"[①] 农业强不强、农村美不美、农民富不富，决定着社会主义现代化的质量，没有乡村现代化，就没有国家现代化。习近平总书记强调："全面建设社会主义现代化国家，最艰巨最繁重的任务仍然在农村。"[②] 共同

[①] 习近平：《习近平著作选读》第二卷，人民出版社2023年版，第76页。

[②] 习近平：《高举中国特色社会主义伟大旗帜　为全面建设社会主义现代化国家而团结奋斗——在中国共产党二十次全国人民代表大会上的报告》，人民出版社2022年版，第30、31页。

富裕是社会主义的本质要求，是中国式现代化的重要特征，而要实现共同富裕，乡村振兴是必由之路。改革开放以来，中国实现了"国富"和"部分先富"，发展不平衡不充分问题还比较突出，城乡差距、区域差距、收入差距十分明显。党的十八大以来，以习近平同志为核心的党中央致力于实现"共富"，在推进共同富裕的实践途径中，脱贫攻坚解决了绝对贫困问题，乡村振兴正在逐步解决相对贫困问题。2013年12月，中央经济工作会议提出："要把推进新型城镇化和乡村全面振兴有机结合起来，促进各类要素双向流动，推动以县城为重要载体的新型城镇化建设，形成城乡融合发展新格局。"[①] 2024年中央一号文件指出，推进中国式现代化，必须坚持不懈地夯实农业基础，推进乡村全面振兴。在中国发展进入新时代背景下，推进乡村全面振兴，既是解决新时代我国社会主要矛盾、实现城乡融合发展的重要举措，也是补齐全面建成小康社会短板、全面建设社会主义现代化强国，实现中华民族伟大复兴的战略选择。

从世界百年未有之大变局看，稳住农业基本盘、守好"三农"基础是应变局、开新局的"压舱石"。习近平总书记在2020年中央农村工作会议上提出了乡村是当代中国应变局、开新局的"压舱石"观点。从百年未有之大变局看，乡村的"压舱石"功能主要表现在三个方面。[②] 首

---

① 《中央经济工作会议在北京举行》，《人民日报》2023年12月23日第1版。

② 张孝德：《乡村振兴专家深度解读》，东方出版社2021年版。

先，乡村是化解当今世界诸多关系失衡危机的"压舱石"。当今世界，是一个诸多关系对立与失衡的世界，人与自然的失衡、工业与农业的失衡、传统与现代的失衡，物质与精神的失衡，地区发展的失衡，而这些关系的对立与失衡皆与乡村与城市关系的失衡密切相关。随着城市的不断扩张和乡村的日趋消亡，全球城市化慢慢陷入高收入、低收益、负效应的困境。因此，化解城市化发展所带来的人类文明危机，需要重塑城乡关系，需要乡村这块"压舱石"。其次，乡村是中国贡献给世界新文明模式的"压舱石"，是中国政治、经济和社会安全的保险阀。最后，乡村是解决当今中国粮食安全的"压舱石"。世界百年未有之大变局，粮食安全成为对国家安全最重要的内容之一，而粮食问题亦是乡村发展问题。

（三）乡村独特的功能与乡村振兴路径

全面推进乡村振兴，首先要明确乡村的功能定位，更好的发挥乡村应有的功能。城市与农村具有不同的功能，双方的功能不可互相取代。从国家和民族发展的角度看，城市与乡村是相互依存的共同体，充分发挥好城市与乡村各自的功能，整个国家和民族才能持续健康地发展。正因为如此，理解乡村振兴，首先就要明确乡村的功能定位。发挥乡村的功能可能才是乡村振兴最该振兴的地方。[①] 城市的功能主要在于聚集、融合，而乡村的功能则主要在于守护和传承。城市通过融合各方聚集的要素，形成创新活

---

① 辛宝英：《乡村观察》，中国社会科学出版社2023年版。

力，不断推出新的技术、新的产品、新的理念，从而创造新的生产方式和生活方式，以此来引领一个地区乃至一个国家经济社会发展的增长极。乡村是维系民族和国家的基因纽带，乡村的创新，必须建立守护和传承这个国家乃至这个民族生存和发展的根脉之上。[①] 具体来看，乡村特有的功能主要表现在三个方面。一是保证国家粮食安全和重要农产品供给的功能。这个功能是城镇所不具备的。城镇越发展，在城镇集聚的人口越多，乡村的这一功能就越发重要。二是提供生态屏障和生态产品的功能。城镇在国土总面积中所占比例很低，因此，能够起到维护整个国家生态安全功能的主体必然是乡村。三是传承国家、民族、地方优秀传统文化的功能。城镇的文化具有包容性，是多元化、多样性所融合而成的文化；乡村的文化则更多地体现植根于本土、传承于历史的民族性与地域性特征。显然，乡村的这些功能都是城镇所不具备的，发挥好乡村的这些特有功能，对于国家抵御国际风云变幻和实现中华民族伟大复兴却是必不可少的。[②] 党中央提出的"产业兴旺、生态宜居、乡风文明、治理有效、生活富裕"的乡村振兴总要求，实际上就包含了乡村应发挥好的"粮食生产、生态屏障、文化传承"三大独特功能。而要想发挥好乡村特有的功能，就必须围绕乡村全面振兴这一长远目标，持续、

[①] 陈锡文先生在北京大学 2020 年乡村振兴论坛上的发言。

[②] 陈锡文：《乡村振兴与农业农村现代化》，载《农业农村部农村经济研究中心：走好中国特色社会主义乡村振兴道路》，研究出版社 2022 年版。

深入地推进农村改革，推动产业振兴、人才振兴、文化振兴、生态振兴和组织振兴。这"五个振兴"是当前促进乡村全面振兴的核心内涵，也是实施乡村振兴战略的五个关键支撑点。

二 中国乡村振兴的工会责任担当

（一）中国工会的性质和职能

中国工会是中国共产党领导的职工自愿结合的工人阶级群众组织，是中国共产党联系职工群众的桥梁和纽带，中华全国总工会及其各工会组织代表职工利益，依法维护职工合法权益。[①] 中国工会坚持自觉接受中国共产党的领导，承担着团结引导职工群众听党话、跟党走的政治责任。[②] 党的十八大以来，党和国家事业取得历史性成就，发生历史性变革，对工会工作提出了新要求。中国进入社会主义新时代，中国工会要切实保持和增强政治性、先进性、群众性，要坚定不移地走中国特色社会主义工会发展道路，不断增强工会组织的吸引力、凝聚力、战斗力，落实党中央对工会改革的新要求，适应企业组织形式、职工队伍结构、劳动关系等方面的发展变化，全面履行工会的社会职能，维护劳动者参加和组织工会的权利，在维护全国人民总体利益的同时，更好地表达和维护职工的具体利益，弘扬劳模精神、劳动精神、工匠精神，团结和动员全

[①] 《中华人民共和国工会法》，中国民主法制出版社2022年版。
[②] 《中国工会章程》，法律出版社2023年版。

国职工自力更生、艰苦创业，坚持和发展中国特色社会主义，为全面建成社会主义现代化强国、实现第二个百年奋斗目标，以中国式现代化全面推进中华民族伟大复兴而奋斗。2023年10月23日，习近平总书记在同中华全国总工会新一届领导班子成员集体谈话时强调："工会是党领导的工人阶级群众组织，坚持党对工会的全面领导，要坚持全心全意依靠工人阶级的根本方针，充分调动广大职工群众的积极性、主动性、创造性，积极投身全面推进强国建设、民族复兴的伟大事业。"[①] 习近平总书记的重要讲话，指明了新时代工会工作的方向，为各级工会组织推进各项工作提供了根本遵循。

（二）工会组织在乡村振兴中的独特优势

工会组织参与乡村振兴是新时代党和国家赋予工会的崇高使命。实施乡村振兴战略，是一项庞大而系统的工程，需要全方位设计、多主体参与。工会是中国共产党领导的工人阶级群众组织，承担着组织动员广大职工为完成党的中心任务而团结奋斗的历史使命，在推动乡村全面振兴的伟大实践中亦肩负着重要责任和使命。乡村振兴战略为新时代"三农"工作擘画了新蓝图、指明了新方向，也为中国工会工作提出了新要求、新使命、新挑战。中国工会组织要精准把握"乡村全面振兴"的内涵要义，为乡村

---

① 《习近平在同中华全国总工会新一届领导班子成员集体谈话时强调　坚持党对工会的全面领导　组织动员亿万职工积极投身强国建设民族复兴伟业》，《人民日报》2023年10月24日第1版。

第一章　中国乡村振兴的工会责任担当

振兴提供全方位、多功能、宽领域、广覆盖的工会服务，这既是中国工会发挥优势组织动员和服务亿万职工群众为实现发展目标建功立业的应然功能，也是实现自身转型发展、服务乡村振兴战略的题中要义和价值所在。

中国工会参与乡村振兴具有其他社会组织所不具有的天然优势。中国工会是党联系职工群众的桥梁和纽带，承担着团结引导职工群众听党话、跟党走的政治责任，是国家政权的重要社会支柱，组织健全、灵活专业，涵盖面广又贴近职工群众的特点，开展工作具有一定的独立性和权威性，具有天然的组织动员广大职工群众投身到推动乡村全面振兴伟大实践中去，实现中华民族伟大复兴中国梦而奋斗的政治优势、组织优势、规模优势和宣传优势，在推动乡村全面振兴伟大实践中必然大有可为。

助力乡村振兴，是工会扩大组织覆盖的现实要求。随着农业产业化组织模式逐渐兴起，新型农业经营主体不断发展壮大，农业产业化龙头企业、农民专业合作社、家庭农场等新型农业经营主体蓬勃发展，进一步拓宽了农民的就业渠道，让一大批传统的面朝黄土背朝天"庄稼汉"，转变成按时上下班，按时拿工资的农业工人。《中华人民共和国工会法》明确指出，"工会应适应企业组织形式、职工队伍结构、劳动关系、就业形态等方面的发展变化，依法维护劳动者参加和组织工会的权利"。《中华全国总工会关于加强县级工会建设的意见》提出，"要建立健全乡镇（街道）、村（社区）、企业工会组织网络，按照地域相近、行业相同的原则，推进区域性、行业性工会联合会建设"。工会要构建联系广泛、服务职工的工作体系，就必须抓住新时代农村劳动力转移的机遇，把工会组织覆盖到乡村，把工会服务延伸到乡村，充分彰显工会的使命担当和职能优势。

助力乡村振兴，是工会履行维权服务基本职责的客观需要。实现乡村振兴，农民工群体是其中不可忽视的重要力量。一方面，他们是中国产业工人的主体，是推进中国工业化、城镇化发展的主力军。另一方面，农民工依然是农村社会的成员，是乡村社会的主体构成和中坚力量。《中华人民共和国 2023 年国民经济和社会发展统计公报》显示，全国农民工总量 29753 万人，其中外出农民工 17658 万人，本地农民工 12095 万人。农业产业化的逐步推进，致使越来越多的农民转化成为农业工人，越来越多的农民工返乡就业。2022 年《中华人民共和国工会法》修订版中，将工会的基本职责由"维护职工合法权益"扩展为"维护职工合法权益、竭诚服务职工群众"。努力实现好维护好发展好农民工的合法权益，充分调动广大农民工的积极性、主动性、创造性，为实现中华民族伟大复兴中国梦贡献自身力量，就成为工会不可推卸的职责使命，也是推进乡村振兴的内在需求。

助力乡村振兴，是工会提升职工生活品质的现实路径。新时代我国社会主要矛盾已经转化为人民日益增长的美好生活需要和不平衡不充分的发展之间的矛盾。全面完成困难职工解困脱困任务后，提升生活品质就成为广大职工的刚性需求。要满足广大职工日益增长的美好生活需要，提升职工的生活品质，需要从供给侧为广大职工提供更稳定的工作、更满意的收入、更可靠的社会保障、更充足的生活福利、更丰富的精神文化生活。而农业农村不仅仅是农产品的主要供给者，更是生态涵养的主体区，是生态产品的重要供给者。工会组织充分发挥紧密联系职工群众的政治优势、组织优势、宣传优势，积极动员社会力量，汇集社会资源，全面参与、服务乡村振兴重大工程，积极推动绿色农业提升质量，推行乡村绿色发展方式，加快优秀农产品、优势农村旅游资源等的有效供给，为提升职工群众的生活品质提供可靠保障。

（三）工会组织在乡村振兴中的责任担当

产业振兴是乡村全面振兴的物质基础，是乡村振兴战略的核心内容，是实现乡村全面振兴的关键途径。工会作为党联系职工群众的桥梁和纽带，具有强大的组织能力和广泛的群众基础，是组织和引导职工群众参与乡村产业振兴的核心力量。工会组织可通过打造工友创业园、搭建就业平台、推动产业技术创新、加强产销对接等多种形式助力乡村产业振兴。

人才振兴是乡村全面振兴的关键因素，是乡村振兴战略的基础，是实现乡村全面振兴的核心动力。工会组织可借助自身优势，依托工匠学院、产业工人学院、劳模创新工作室等为主体，培养一批能够带动乡村产业发展的技术人才队伍，大力培育新型职业农民，加强农技推广人才队伍建设。面向农民工群体，开展养老、育婴等技能培训和就业创业培训，推动更多农民工凭技能就业、增收、致富。

文化振兴是乡村全面振兴的精神根基，是乡村振兴战略的铸魂工程，是实现乡村全面振兴的精神动力。工会可借助自身优势，以职工大讲堂、劳模工匠进校园、思政教师进企业、文艺轻骑兵进乡村等活动为主体，送文化进乡村礼堂、进车间、进项目工地，建设健康文明、昂扬向上的乡村职工文化阵地。推动职工文化公园、产业工人公园、职工书屋、劳模园、劳模林等阵地入乡镇、进农村，提升乡村职工的文化素养、丰富精神文化生活、培育乡村文化人才，有力助推乡村文化的繁荣与发展。

生态振兴是乡村全面振兴的重要支撑，是乡村振兴战略的关键环节，是实现乡村全面振兴的必然要求。2020年，中央办公厅、国务院印发的《关于构建现代环境治理体系的意见》强调，"工会、共青团、妇联等群团组织要积极动员广大职工、青年、妇女参与环境治理"，明确了工会参与环境治理的责任。工会可借助自身的组织动员优势、群众基础优势、协商监督优势，动员广大职工群众投身到社会主义生态文明建设中去，将政府的方针、政策和理念贯彻到群众中去，积极引导和动员广大职工树立绿色发展理念、参与乡村人居环境治理、推动乡村绿色产业发展、践行绿色低碳的生活方式。

组织振兴是乡村全面振兴的保障条件，是乡村全面振兴的"牛鼻子"，是实现乡村全面振兴的根本保障。乡村振兴中产业的培育、人才的培养、生态的改善和乡村文化的引导都离不开强有力的组织保障。乡村全面振兴的有效实现不能依赖单一主体完成，必须由多元力量共同参与。乡村工会组织作为乡村基层治理的重要补充力量，既具有体制身份，又有社会属性，在密切联系群众、有效整合资源、促进乡村振兴方面有不可替代的作用。[1] 工会组织可因地制宜全面建立村（社区）工会组织，把广大乡村职工吸引到乡村工会组织中来，这既是新时代巩固党的执政基础的需要，也是更好维护乡村职工权益需求、全面推进乡村振兴的有效路径。

---

[1] 郭元凯、谌玉梅：《组织振兴：构建新时代乡村治理体系》，中原农民出版社2019年版。

第二章

产业振兴与工会工作

民族要复兴，乡村必振兴。党的二十大报告指出，"全面推进乡村振兴""加快建设农业强国，扎实推动乡村产业、人才、文化、生态、组织振兴"。[①]这为中国式农业农村现代化指明了方向。产业振兴是乡村振兴的重中之重，这是立足我国国情，立足历史底蕴，立足时代要求对中国乡村振兴实践的科学总结和概括。在乡村振兴战略的总体要求中，第一项就是产业兴旺；在五个振兴的总任务中，第一个就是产业振兴。[②]产业振兴是乡村振兴的物质基础，在推进县域城镇化、促进城乡融合发展中起到重要支撑作用。工会作为党和政府联系职工群众的桥梁纽带，在乡村产业振兴中扮演着不可或缺的角色。中国工会顺应时代呼声，牢牢把握乡村振兴战略总体要求，积极发挥桥梁纽带作用，通过坚持示范引领，发挥先模人物的技术、

---

① 习近平：《高举中国特色社会主义伟大旗帜　为全面建设社会主义现代化国家而团结奋斗——在中国共产党第二十次全国代表大会上的报告》，人民出版社2022年版，第31页。

② 梁盛凯、陈池波：《乡村产业振兴与农民共同富裕：理论线索与经验证据》，《农村经济》2024年第1期。

带动优势，助力产业发展，推动工会助力乡村产业振兴工作走深走实。

一　产业振兴是乡村振兴的物质基础

（一）以产业振兴推动乡村全面振兴

乡村振兴战略是新时代中国特色社会主义事业的重要组成部分，是全面建设社会主义现代化国家、全面深化改革、全面依法治国、全面从严治党的重要支撑。产业振兴是乡村振兴战略的核心内容，是实现乡村全面振兴的关键途径。产业振兴是指在国家发展战略指导下，通过优化产业结构、提高产业质量、增强产业竞争力，实现产业持续健康发展，为乡村振兴提供有力支撑的过程。产业振兴包括农业产业化、农村产业多元化、农民收入多元化等方面的内容。产业振兴旨在提高农业生产效率，增加农民收入，改善农村生态环境，促进农村经济社会全面发展。产业兴旺是乡村振兴的重要基础，是解决农村一切问题的前提。乡村产业根植于县域，以农业农村资源为依托，以农民为主体，以农村三大产业融合发展为路径，地域特色鲜明、创新创业活跃、业态类型丰富、利益联结紧密，是提升农业、繁荣农村、富裕农民的产业。[①]

习近平总书记强调，"产业振兴是乡村振兴的重中之重，也是实际工作的切入点。没有产业的农村，难聚人

[①] 章卫东、平静：《以产业振兴推进县域经济发展》，《人民论坛》2023年第24期。

气，更谈不上留住人才，农民增收路子拓不宽，文化活动很难开展起来"。① 产业的发展，对乡村的振兴起着决定性的作用。只有产业振兴了，才能带动其他方面的振兴：乡村产业的发展，会吸引大量人才涌向乡村，聚强了乡村振兴的人才底气；发展乡村文化产业，形成规模经营的产业文化，激活了乡村沉睡的文化资源；② 乡村新产业、新业态的发展壮大，与生态文明的发展是相辅相成、和谐共赢的；实现产业振兴，拓宽农民增收渠道，有助于激发乡村各类组织的内生动力。乡村产业振兴要建立绿色安全、优质高效的乡村产业体系，该体系应具有完整性、先进性、安全性特征的产业系统。基于当前产业结构不均衡，尤其是第二、第三产业发展相对滞后的局面，现代产业体系建设应着力促进产业结构合理化。

乡村产业振兴应加快推进粮食产业经济高质量发展。在资源总量的约束下，保障粮食安全仍是首要目标，也是关键基础，更是必须守住的底线。粮食安全是国家安全的重要基石，习近平总书记高度重视粮食安全问题，对粮食安全主动权、耕地红线、粮食储备调节等重要问题都作过深刻阐释。中国的粮食安全，无近忧、有远虑。从短期看，中国粮食安全无忧。改革开放以来，家庭联产承包责任制极大释放了农村生产活力，解决了百姓的温饱问题；

---

① 习近平：《加快建设农业强国 推进农业农村现代化》，《求是》2023年第6期。

② 张立畅：《发展乡村特色产业 全面推进乡村振兴》，《红旗文稿》2023年第22期。

第二章　产业振兴与工会工作

党的十八大以来，粮食综合生产能力不断提高，2023年中国粮食生产再获丰收，连续9年稳定在1.3万亿斤以上，粮食连年丰收，储备充裕。但从总体看，受种植资源和粮食生产科技能力等因素的制约，粮食增产空间有限；经济发展及人口持续增长，保持粮食供需平衡压力逐步增大；粮食流通渠道不畅通、调控机制和粮食法治体系不健全等影响粮食安全保障；气候变化和国际贸易的不确定性为我国粮食安全带来外部压力等系列问题。鉴于此，需要立足于顶层设计，从初始生产、中间流通、最终消费等环节，对农地规模、农产效率、收购储备、流通加工、质量安全、制止浪费等方面作出调整，健全粮食安全制度体系，完善政策措施，坚定走好中国特色社会主义的粮食安全之路，加快推进粮食产业经济高质量发展。严守18亿亩耕地红线，实行最严格的耕地保护制度，在农村土地制度改革中实行耕地占补平衡政策，严格管控各项建设用地占用优质耕地，优化粮食核心区、主产区、功能区布局，落实目标保护责任制，从而实现优质耕地永久保护，劣质耕地改良再利用，最大限度提升产粮数量和质量，实现藏粮于地；建立现代化农业生产体系，推动农业供给侧结构性改革，加快高标准农田建设，因地制宜，综合开发，推动种子攻坚工程建设，促进种养结合，畅通农业科技推广渠道，加强农技推广人才队伍建设，提高农业科技进步贡献率，实现藏粮于技。[①]

[①] 青平、王敬斌、蔡炜炜：《对农业强国建设中乡村产业振兴的几点思考》，《经济纵横》2023年第9期。

乡村产业振兴需培育壮大乡村新产业新业态。在新时代的乡村振兴战略中，培育壮大乡村新产业新业态是关键所在。这不仅有助于提高农民收入，改善农村人居环境，还能推动农业产业结构调整，实现农业现代化。为此，要注重发挥政策引导作用，深入挖掘乡村资源优势，创新发展模式，培育一批具有市场竞争力的新产业、新业态，为乡村振兴注入源源不断的活力。特色产业是农业发展的重要引擎，能够带动农民增收，促进农村经济发展，实现农业产业结构的优化升级。要坚持以市场为导向，以科技创新为动力，以提高农产品质量和效益为中心，大力发展特色农业，打造一批具有市场竞争力的特色农产品。同时，还要继续支持创建农业产业强镇、现代农业产业园、优势特色产业集群。这些园区是农业产业化的重要载体，它们能够集中优势资源，提高农业生产效率，推动农业产业链的延伸和完善。支持国家农村产业融合发展示范园建设，深入推进农业现代化示范区建设，是实现乡村振兴战略的重要抓手。通过建设示范园区，促进农业与第二、第三产业的深度融合，提高农产品附加值，增加农民收入，实现农村经济的可持续发展。示范园建设需要政府、企业和社会各方的共同努力。政府应加大对示范园的政策支持力度，提供优惠的土地、税收等政策，吸引更多的企业参与示范园建设。同时，政府还应加强对示范园的监管，确保其健康、有序发展。企业作为示范园建设的主体，应充分发挥自身优势，积极参与示范园建设。企业可以通过引进先进的技术和管理经验，提高农产品的质量和品牌影响力。此外，企业还可以通过与农民合作，帮助他们提高生

第二章 产业振兴与工会工作

产技能和管理水平，实现共赢发展。通过建设一批具有示范引领作用的现代农业园区，推动农业生产方式的转变，提高农业综合生产能力和竞争力。

乡村产业振兴还需健全完善农民利益联结机制。乡村产业发展是效率与公平内在的统一发展，"发展为了谁、发展依靠谁、发展成果由谁享有"，这是推动乡村产业振兴必须首先明确回答的根本问题。习近平总书记指出，"发展现代特色农业和文化旅游业，必须贯彻以人民为中心的发展思想，突出农民主体地位，把保障农民利益放在第一位"。[①] 推动乡村产业振兴，农民是最广泛的参与者，也是更有力的推动者，更应该是最主要的受益者。为此，推进乡村产业振兴应健全完善农民利益联结机制，让农民有活干、有钱赚，让农民更多地分享到产业增值收益成果。结合区域农业特色产业实际，探索实施"村集体经济组织＋农业龙头企业＋农户"的模式，鼓励农户从事特色种植或养殖，由企业全程提供技术服务和销售管理，让农户轻松获利，实现家门口就业。做优"土特产"文章，深化"市场＋龙头企业＋基地＋合作社（村集体）＋农户"利益联结机制，规模性培育新型农业生产经营主体，统一提供种苗、技术、农资、收购等服务，就地承接采购订单，带动更多农户参与到产、购、销及精深加工等产业发展全链条、各环节中，切实享受到产业链拓展收益。支持农村集体经济组织利用宅基地农民房屋、村集体用房、闲

---

① 习近平：《论"三农"工作》，中央文献出版社2022年版，第48页。

置农房、闲置集体用地等，发展符合乡村特点的新产业新业态，确保集体资产稳步增长。鼓励村集体对农户长期闲置或低效利用的土地（山林、水面）、房屋等资源资产进行确权，将零碎土地、闲置资产规模化、集约化流转，整合形成可交易且权属清晰的"标的物"对价市场，通过承包、转租、拍卖、置换等方式，引入第三方公司开发经营，对流转、整合的资源资产，实行实物货币结算，通过租金动态调整、作价入股等计价方式，让村民获得长期稳定的收益。

  乡村产业振兴要强化农业科技和装备支撑。农业的出路在现代化，农业现代化的关键在科技进步和创新。习近平总书记指出，"矛盾和问题是科技创新的导向，解决瓶颈制约始终是农业技术进步的主攻方向"[①]。要适应资源禀赋和发展阶段的变化适时调整农业技术进步路线。当前，科技创新已经成为国际战略博弈的主要战场，围绕科技制高点的竞争空前激烈。加强农业关键核心技术攻关，是提升中国农业科技水平、保障国家粮食安全和实现农业可持续发展的重要途径。首先，要以农业关键核心技术攻关为引领，以产业急需为导向，明确农业关键核心技术攻关的重点方向。这包括优质高产抗逆的农作物新品种选育、高效节水灌溉技术与装备、绿色生态农业生产技术、农业资源综合利用与循环农业技术等。这些领域的突破将为中国农业生产带来革命性的变革，提高农业生产效率，

[①] 习近平：《论"三农"工作》，中央文献出版社2022年版，第42页。

降低资源消耗，保障农产品质量安全。其次，要加强农业科技创新体系建设。要打造国家农业科技战略力量，支持农业领域重大创新平台建设；要发挥政府主导作用，加大对农业科技创新的支持力度，优化科研资源配置，鼓励企业、高校、科研院所等各类创新主体参与农业关键核心技术攻关。同时，要加强国际合作，引进国外先进技术和管理经验，提升中国农业科技创新能力。最后，要建立健全农业关键核心技术攻关的政策体系。要完善农业科技成果转化机制，激发科研人员的创新积极性，不断深化改革，释放创新活力，解决好科研和产业"两张皮"问题；要加强知识产权保护，为农业科技创新提供良好的法治环境；要加大对农业科技创新的宣传推广力度，提高农民对新技术的接受度和应用能力。农业设施装备是现代农业的重要支撑，是转变农业发展方式、促进农业增产增效、提高农业生产力的决定性因素。[①] 要加强农业科技创新，推动农业设施装备的技术进步。要加大对农业科技研发的支持力度，鼓励企业、高校、科研院所等各类创新主体参与农业设施装备的研发与推广。同时，要加强国际合作，引进国外先进技术和管理经验，提升中国农业设施装备的技术水平。

（二）工会是推动乡村产业振兴的核心力量

工会是组织和引导职工群众参与乡村产业振兴的核心

[①] 赵延安、陈凤仪：《乡村振兴战略的思想资源、科学内涵和实现路径》，《西北农林科技大学学报》（社会科学版）2023年第6期。

力量。乡村产业振兴是乡村振兴战略的重要组成部分，对于促进农村经济发展、提升农民收入、实现农业现代化具有重要意义。在这个过程中，工会作为重要的社会团体，发挥着不可替代的作用。首先，工会能够发挥自身优势，有效地组织和动员职工群众参与到乡村产业振兴中来。工会有着广泛的群众基础和组织优势，能够通过各种形式的活动，激发职工的积极性和创造力，为乡村产业振兴注入新的活力。例如，工会通过组织开展技能比赛、创新竞赛等活动，激发职工的竞争意识和创新精神，推动农业科技创新和成果转化。同时，工会还通过评选表彰先进典型、弘扬劳模精神等方式，树立榜样、激励职工，形成共同推进乡村振兴的良好氛围。其次，工会能够整合多方资源，形成推进乡村产业振兴的强大合力。工会作为社会团体，具有丰富的资源和资金保障，能够为乡村产业振兴提供有力的支持。工会可以争取政府、企业和社会各方面的支持，整合资源、吸引投资，为农业产业发展提供资金保障。同时，工会还可以与政府、企业、科研机构等各方合作，共同推进农业科技创新和成果转化，提高农业生产效率和质量。通过合作，工会能够形成推进乡村振兴的强大合力，共同促进农村经济的发展。例如，工会组织开展农业技术培训、创业扶持等活动，提高农民的就业创业能力；同时，吸引外来人才参与乡村产业发展，为农业现代化提供智力支持。通过这些实践活动，工会能够引导职工群众积极参与到乡村振兴中来，推动乡村产业的转型升级和发展。总之，工会在组织和引导职工群众参与乡村产业振兴方面发挥着核心力量的作用，通过发挥自身优势、整

第二章 产业振兴与工会工作

合资源、引导实践等方式,工会为乡村产业振兴提供了有力的支持和保障。

工会在乡村产业振兴中具有天然优势,这些优势为工会在推进乡村振兴中发挥重要作用提供了坚实的基础。首先,工会的组织优势是其参与乡村产业振兴的基础。作为工人阶级的群众组织,工会具有强大的组织能力和广泛的群众基础。在乡村地区,工会能够有效地组织和动员广大农民群众参与到乡村振兴中来。通过工会的组织作用,形成共同推进乡村振兴的良好局面,将各方面的力量凝聚起来,形成强大的合力。工会能够激发农民的积极性和创造力,引导他们树立市场意识和发展观念,提高自身素质和能力。同时,工会还可以代表农民群众参与政策制定和执行,反映他们的利益诉求和意见,为乡村产业振兴提供有力的支持和保障。其次,工会在乡村产业振兴中具有资源和资金的优势。工会作为社会团体,具有丰富的资源和资金保障,能够为乡村产业振兴提供有力的支持。工会可以争取政府、企业和社会各方面的支持,整合资源、吸引投资,为农业产业发展提供资金保障。工会不仅在维护职工权益方面发挥着关键作用,还能有效引导社会资本向农村地区流动,从而催生了乡村产业的转型与升级,促进其持续发展。这些至关重要的资源,涵盖了资金、技术、人才以及市场渠道等多个维度,为乡村振兴事业提供了全面而深入的支撑和服务。工会所掌握的资金,源自政府拨款、企业赞助以及社会捐赠等诸多途径,这些宝贵的资金来源被广泛应用于农业产业的发展,农民技能的提升培训,以及农村基础设施的建设等领域,从而推动乡村经济的繁荣和进步。通过这样的资源整合和资本投入，工会能够为乡村产业的振兴提供坚实的物质基础，确保乡村发展的每一步都稳健且充满活力。再次，工会在乡村产业振兴中还具有人才和技术的优势。工会拥有一支高素质的人才队伍，具备丰富的专业知识和技能。在推动乡村产业振兴的进程中，工会承担着至关重要的角色。它能够组织和实施技能培训、创业支持计划，有效提升农民的就业与创业能力。工会还致力于引导职工群众积极参与农业技术的研发与推广活动，以激发农业科技创新，加速科研成果向生产力的转化。这种人才和技术的双重支撑，为乡村产业的振兴打下了坚实的智力基础。进一步地，工会着手引进和培育一群具备创新思维与精湛技艺的专业队伍，这支队伍由农业科技专家、企业管理精英、市场营销顾问等多领域人才组成，他们的专业知识和经验将为乡村产业发展提供全面而细致的帮助和服务。在社会监督方面，工会亦发挥着其独特优势。它不仅对乡村产业振兴政策的实施效果进行监控，确保政策得以完善和优化，而且通过深入调研、严格监督检查，及时发现并指出振兴过程中的问题与不足，提出切实可行的改善建议。工会的监督职能有助于推进乡村振兴事业向规范性、科学性方向发展。此外，工会通过民主评议、职工代表大会等形式，增强监督活动的多样性与实效性，这些举措不仅推动了乡村治理的民主化和规范化，也增强了农民群体的参与度和满意度，显著提升了乡村治理的成效与品质。借助工会的这些综合举措，可以确保乡村产业振兴在健康有序的轨道上持续前行。

（三）乡村产业振兴工会应有作为

工会在加快推进粮食产业经济高质量发展中扮演着重要的角色，要坚持以习近平总书记的粮食安全观为指导，落实国家粮食安全战略。习近平总书记指出，"保障粮食安全是一个永恒的课题"[①]"要依靠自己保口粮，集中国内资源保重点，做到谷物基本自给、口粮绝对安全，把饭碗牢牢端在自己手上。"[②] 党的十八大以来，以习近平同志为核心的党中央高度重视粮食安全问题，提出新时期国家粮食安全战略，推动粮食安全理论、制度和实践创新，立足国内基本解决亿万人民的吃饭问题，严守18亿亩耕地红线，在保证粮食数量的同时，更注重质量安全，不断扩大粮食国际合作，对世界粮食安全做出了积极贡献。在习近平总书记的粮食安全观和国家粮食安全战略引导下，逐步形成长短期兼顾的新机制和新举措，探索粮食安全实践创新，以改革和投入作为驱动力，完善粮食安全保障体制机制，激发粮食种植的积极性，走出一条中国特色的粮食安全之路，为国家繁荣昌盛奠定雄厚的物质基础。各级工会组织应厉行节约、制止浪费，减少粮食损耗。加强宣传引导，增强节约意识，多方联动，构建家庭、学校、单位和社会四位一体宣传教育平台，从细小处、从身边事抓

[①] 中共中央党史和文献研究院编：《习近平关于国家粮食安全论述摘编》，中央文献出版社2023年版，第3页。

[②] 习近平：《论"三农"工作》，中央文献出版社2022年版，第54页。

起，营造勤俭节约的社会氛围；各级工会要教育引导广大工会干部和职工群众崇尚丰俭适度、健康文明的生活方式，把节俭节约理念融入日常生活的各个方面，以自身行动引领时代风尚。加强家庭建设，通过言传身教带动家庭成员珍惜粮食，从小养成热爱劳动、艰苦朴素的好习惯，让中华传统美德在家庭里生根、在亲情中升华；建立健全节约用餐机制，从制度上形成约束，深入推进"光盘行动"，推行科学文明的餐饮消费模式。多管齐下，全方位切入，循序渐进地减少粮食损耗，使节约粮食成为人们的自觉行动，让厉行节约、制止浪费在全社会蔚然成风。

探索"工会+"产业发展模式，打造"工农融合发展共同体"。乡村旅游业是一种以乡村自然风光、民俗文化和农业生产活动为主要内容的旅游形式，它不仅可以带动农民增收，还可以促进乡村文化的传承和发展。实施乡村休闲精品旅游工程是发展乡村旅游业的重要举措。各级工会应根据各地实际情况，深化"工会+旅游+产业"模式，规划和建设一批具有地方特色和吸引力的乡村旅游景点，让疗休养职工住乡村民宿、品农家美味、尝农特产品、选农林特产、享农耕文化、游美丽乡村、忆农家乡愁，提升乡村旅游的吸引力。同时，还应加强乡村旅游的宣传推广，提高其知名度和影响力，吸引更多的游客前来旅游。深入实施"数商兴农"和"互联网+"农产品出村进城工程，是推动农业现代化、实现乡村振兴的重要举措。通过鼓励发展农产品电商直采、定制生产等模式，可以有效提高农产品的附加值，拓宽农民增收渠道，促进农村经济发展。利用工会资源优势，打造"工"字号直播间，加大直播助农力度，打通线上线下消费场景，提高特色农产品和服务的知名度和影响力。一是要大力发展农产品电商直采。通过电商平台，农民可以直接将优质农产品销售给消费者，减少中间环节，降低成本，提高收益。同时，消费者也可以更加便捷地购买到新鲜、优质的农产品，实现供需双赢。二是要推广定制生产模式。根据消费者的需求，为农民提供个性化的生产建议和技术指导，帮助他们提高产品质量和品牌影响力。这样既可以满足消费者的多样化需求，也有利于农民提高产品的市场竞争力。三是要加快建设农副产品直播电商基地。通过直播平台，农民可以实时展示农业生产过程，让消费者了解产品的品质和来源，这有助于增强消费者对农产品的信任度，提高购买意愿。直播电商还可以为农民提供更多的销售机会，拓宽销售渠道。

发挥工友基地的创业孵化作用，带动农户就业增收。工友基地作为创业孵化的重要载体，在带动农户就业增收方面发挥着越来越重要的作用。通过为创业者提供全方位的支持与服务，工友基地能够帮助他们将创意转化为可行的商业模式，从而创造更多的就业机会和收入来源。同时，工友基地也成为农户们提高自身技能、拓展市场渠道的重要平台。许多工友基地以农业为主要产业领域，通过引进现代化的农业技术和创新模式，提高农产品的质量和附加值，这不仅增加了农户的收入来源，还带动了整个农业产业链的发展。此外，工友基地还鼓励和支持农户参与到创业项目中来，为他们提供必要的培训和指导，这种参与方式不仅增加了农户的就业机会，还提高了他们的技能水平和市场竞争力。

要进一步提高农户在工友基地的就业增收，可以从以下几个方面进行改进：一是加强职业技术培训。针对农户在技能和知识方面的不足，工友基地通过加强职业技术培训，提高他们的技能水平和就业竞争力。在培训内容上，根据市场需求和农户的兴趣进行定制，可以包括农业生产技术、手工艺、电子商务等。同时，邀请专业人士和成功创业者分享经验，拓宽农户的视野。二是促进产业融合。工友基地可以推动农业与其他产业的融合，如农产品加工、乡村旅游、特色小镇等。通过产业融合，工友基地能够创造更多的就业机会，提升农产品的附加值，增加农户的收入，以及促进产业链的完善和升级，提高整个产业的竞争力。三是引进现代农业技术。工友基地通过引进先进的农业技术和管理模式，提高农业生产效率和产品质量。通过推广现代化的农业技术，可以帮助农户减少生产成本，增加产出，提高收入水平。同时，可以引导农户关注市场需求，调整种植结构，满足消费者对绿色、有机、健康食品的需求。四是完善基础设施和公共服务。工友基地应加强基础设施和公共服务建设，为农户提供便利的生产和生活条件。例如，修建道路、提供干净的饮用水、完善电力和通信设施等。通过完善基础设施和公共服务，提高农户的生活质量和工作效率，为他们创造更好的发展机会。五是引入多元化的投资主体。吸引更多的社会资本和投资者参与工友基地的建设和发展，在基地建设、项目运营等方面提供资金和技术支持，推动工友基地的可持续发展。通过引入多元化的投资主体，缓解政府的财政压力，

第二章　产业振兴与工会工作

同时也为基地带来更多的资源和支持。六是建立有效的激励机制。工友基地应建立有效的激励机制，鼓励农户积极参与基地的生产和经营活动。例如，为表现优秀的农户提供奖励或补贴，激发他们的积极性和创造力。同时，通过评选优秀农户、推广成功经验等方式，树立榜样和标杆，带动其他农户的发展。

工会在强化农业科技和装备支撑中的作用不可忽视。在新时代农业现代化的进程中，农业科技和装备的支撑作用越发凸显。而作为联系职工群众的桥梁和纽带，工会在强化这一支撑中扮演着不可或缺的角色。首先，工会应积极组织科技培训和交流活动。针对农民在科技应用方面的需求，工会可以定期开展农业科技培训，邀请农业专家和科技人员为农民传授先进的农业知识和技术。同时，通过组织交流活动，促进农民之间的经验分享和合作，形成互帮互助的良好氛围。这些活动不仅能够提高农民的科技素质，还能激发他们学习科技、应用科技的热情和动力。其次，工会应发挥自身优势，推动农业科技创新和成果转化。工会拥有广泛的职工群众基础，可以动员和组织各方面的科技力量开展农业科研攻关。通过与高校、科研机构等合作，工会参与共同研发适合当地实际的农业技术和装备，提高农业生产效益。同时，工会还应积极推动农业科技成果的转化和应用，将科研成果转化为实际生产力，为农业现代化提供强有力的科技支撑。最后，工会应关注农业装备的研发和应用，提供有力支持。农业装备是提高农业生产效率的重要手段，工会应组织专业技术人员进行装备研发，推出适合不同地区、不同作物需求的农业装备和技术。同时，通过资金扶持、技术指导和市场推广等方式，支持农民购买和使用农业装备，提高农业生产效率和质量。工会的参与将为农业装备的研发和应用注入新的活力。此外，工会还应为农业企业和农民提供法律咨询和权益保障服务。随着农业现代化进程的加速，涉及的法律问题也日益增多。工会可以组建法律服务团队或与专业律师合作，为农业企业和农民提供法律咨询与权益保障服务。通过普及法律知识、解答法律疑问，帮助企业和农民维护自身合法权益。同时，工会还可以积极参与制定相关法律法规和政策措施，为农业企业和农民争取更多的政策支持和利益保障。

【知识链接】
"数商兴农"工程如何促进农业生产数字化

数商兴农是"数字化""商业化"和"农业"三者的有机结合。在过去，农业往往被视为一种传统的劳动，缺乏高效的管理和市场化运作。而数商兴农的理念，则是通过数字技术和商业模式的融合，为农业带来更高效、更可持续的发展。

根据《"十四五"电子商务发展规划》，该工程与"快递进村"工程和"互联网+"农产品出村进城工程相结合，以扩大电子商务在农村的覆盖面。此外，它还涉及以下关键方面：

加快农村"新基建"，改善农村电商基础设施，健全农村寄递物流体系，深入发展县乡村三级物流共同配送，确保县乡村物流配送体系的畅通无阻。

第二章 产业振兴与工会工作

推动电子商务与一二三产业的加速融合,全面促进农业产业链和供应链的数字化改造,从而助力农业的转型升级和乡村振兴。

普及短视频电商、直播电商、小程序、社区团购等新兴业态,打造农产品的网络品牌,促进农民专业合作社、种植大户、农产品加工企业与网商经纪人、物流配送队伍等行业的融合发展。

数商兴农工程通过多种方式促进农业生产数字化

智能农业:数商兴农工程推动智能农业的发展,为农民提供精准的农事指导。这包括利用传感器、遥感技术等监测土壤湿度、作物生长情况,使农民能够根据实际情况科学制订种植计划,减少资源浪费。

大数据应用:数商兴农工程利用大数据技术对农业数据进行分析和挖掘,帮助农民预测市场趋势、合理安排生产。通过大数据分析,可以预测天气变化、病虫害发生等情况,为农业生产提供科学依据。

农业机械化与信息化:数商兴农工程鼓励农业机械化和信息化的融合,提高农业生产效率。例如,利用无人机、智能农机等设备进行精准播种、施肥和灌溉,实现农业生产的智能化和自动化。

农业物联网:数商兴农工程推动农业物联网技术的发展,使农业设备与设备之间、设备与数据中心之间能够实现互联互通。通过物联网技术,可以实时监测农作物的生长状况、土壤环境等情况,为农民提供精准的管理决策。

农业电子商务：数商兴农工程鼓励农业电子商务的发展，推动农产品进行网上交易。这可以促进农产品销售渠道的拓展，提高农产品的市场竞争力，同时也有助于农民更好地把握市场需求，调整种植结构。

通过以上方式，数商兴农工程促进了农业生产数字化水平的提升，提高了农业生产的效率和质量，有助于推动农业现代化的发展。

（资料来源：根据网络内容综合整理）

二　工会组织助力产业振兴的主要举措与实践案例

全国各地工会组织紧紧围绕乡村振兴战略，充分发挥自身优势，助力乡村产业振兴。通过搭建就业平台、扶持特色产业、推动产业技术创新、加强产销对接等多种形式为乡村产业发展注入新的活力。

（一）搭建创业就业平台

随着农业现代化的推进，农村劳动力面临着从传统农业向现代农业转型的压力，在这个过程中，许多农村劳动力需要寻找新的就业机会。工会通过搭建创业就业平台，为农村劳动力提供更多的就业岗位，帮助他们实现就业转型，提高收入水平。一方面，工会组织与政府、企业等多方合作，建立农民工创业就业服务平台，为农民工提供就

第二章 产业振兴与工会工作

业信息、职业培训、创业指导、法律援助等服务；另一方面，工会组织开展各类职业技能培训，提高农村劳动力的技能水平，增强农民工的就业竞争力。此外，工会组织关注农村劳动力的权益保障问题，通过签订劳动合同、参与劳动争议调解等方式，维护农村劳动力的合法权益，为他们提供良好的就业环境。

河南省洛阳市总工会对符合条件的农民工返乡创业项目给予小额贷款等资金支持；组织动员农民劳模、企业劳模和新兴农业组织带头人，对口支持农民工返乡创业项目；动员企业家劳模和五一劳动奖获得单位优先吸纳农村就业困难劳动力。

湖南省总工会开展"一户一产业工人"的培养工程，各级工会充分利用当地优势特色资源和产业基础，制订产业发展规划和培训计划，在摸底调查基础上对困难职工、农民工量身定制帮扶措施。困难职工、农民工盼什么，工会就培训什么，截至2023年4月，湖南省"一户一产业工人"培养工程已培训农民工约60万人。

安徽省砀山县总工会实行就业帮扶计划，在对口帮扶村开展"工会送岗位 乐业在江淮"就业援助行动，工会驻村帮扶干部在对口帮扶村进行就业需求登记，制订岗位需求方案，并从招聘企业中筛选合适工作岗位，为帮扶村的农民工搭建就业对接平台，进行精准就业帮扶。

甘肃省张掖市总工会联合人社等部门开展"春风行动"城乡劳动力专场招聘会，积极引导、支持、鼓励农民工返乡创业就业、投身家乡建设，组织近100家企业提供2700多个就业岗位，开展就业简易培训、创业政策讲解

1000多人次，达成求职意向573人。同时把农民工培训纳入整体培训计划，依托市县区培训学校、实训基地，有计划地对返乡就业农民工、就业困难人员实施"订单式"岗位技能培训，吸收农民工技术骨干参与企业课题攻关、技术比武和技术改造，增强农民工就业的竞争力，有效解决了农民工就业难的问题。

【经典案例】
山东："工友创业园"吸纳就业七十余万人

2018年以来，山东省总工会提高政治站位，立足职能优势，深化工会就业创业服务，把稳就业摆在突出位置，统筹全省各级工会力量着力在农业产业化龙头企业、农业园区、特色小镇、区域性行业性合作组织和农民合作社、家庭农场等农村新型经营主体中打造"工友创业园"，并以此为载体平台积极吸纳农民工就业、扶持农民工创业，带动农民就业，形成"工友创业助力乡村振兴"工作品牌。截至2024年1月，山东全省共培育选树省、市两级工友创业园1812家，扶持创业15.4万人，直接吸纳就业70.3万人，带动致富123.7万人，切实助推了农村产业发展，促进了农民工和广大农民就业创业、增收致富。

统一规划，政策支持

山东省总工会先后制定出台《山东工会参与乡村振兴战略实施十项措施》《山东省总工会工友创业助力乡村振兴实施计划》《山东省总工会助力乡村振兴工友创业园培育提升实施计划》《做实叫响工友创业

第二章 产业振兴与工会工作

助力乡村振兴品牌工作实施计划》《山东省总工会2022年持续打造工友创业助力乡村振兴品牌工作计划》等政策文件；连续四年将工友创业园建设作为全省工会年度重点工作，由省总工会领导班子成员带队进行现场观摩指导；举办全省工友创业大赛，激发各级工友创业园的创业热情；推动16市工会健全完善与党委、政府乡村振兴重点任务协调一致的"市域一体"助力乡村振兴工作机制，确保工会助力乡村振兴工作的连续性、实效性。

2018年以来，山东省总工会和各市、县（市、区）工会先后投入6965万元专项经费对工友创业园进行扶持，其中，山东省总工会直接投入2670万元。同时，积极帮助工友创业园和农民工创业者了解本地区党委、政府各项扶持政策，争取建设用地、信贷支持、税收减免等方面的最大优惠支持。潍坊市奎文区总工会紧贴当地产业发展规划，指导潍坊玉清花卉文化产业服务公司发展集体经济、规范经营管理，对合作租户提供创业小额贷款服务，吸纳创业人员200余人，带动就业800余人。

头雁引领，导师助力

山东各级工会组织充分发挥工会职能优势，鼓励支持农业劳模和劳模企业、爱心企业对口支持农民工就业创业项目，争当乡村振兴的"领头雁"。诸城市总工会通过22名农业产业大户劳模、23名农业技术劳模、36名社区党组织书记劳模和8名农民企业家劳模示范引领，以项目指导、技术服务、资金参股、贸易合作等方式，带动形成了农村集体经济的"雁阵"效应，已打造劳模助力乡村振兴示范基地12家，帮助231名返乡农民工在家门口就业。

为解决工友创业园发展中面临的各类难题，成立了由400余名成功创业者、专家、劳模等组成的省、市、县三级工友创业导师队伍，经常深入工友创业园"解剖麻雀"，对症下药。同时，根据农民工技能提升需求，组织专业培训机构、技术专家、创业导师帮助工友创业园开展多种形式的"农民工学堂""田间课堂""工惠乐学"农技讲座和"微课堂""云课堂"等，激发了农民工"比学赶超"的技能学习热情。日照市总工会在工友创业园开办"农民工学堂"，通过农村党支部发动农民报名，根据地域特色和培训需求选派讲师，累计开展培训260余场次，培训农民工20000余人次。滨州市总工会与10家培训基地签约，每年列支预算资金100余万元，帮助1000人取得职业资格，促进了农民工技能水平提升。全国劳模、临邑县德平镇富民家庭农场负责人魏德东，为周边农户提供统一供种、统一团购农资、统一种植模式、统一技术服务、统一机械作业、统一销售农产品的"六统一"服务，辐射带动133个村6万余名农民增收20%。

联盟协作，抱团发展

为加强工友创业园服务管理，指导部分经济基础好、创业氛围浓的市开展了深化工友创业园之间合作的联盟协作试点,取得良好成效。依托农创港跨境电商产业园,安丘市总工会成立了市工友农创联盟和全市职工创新创业孵化中心,实现"就业服务＋创业孵化＋学历提升＋职业技能培训"四位一体,年培训专业人才1100多人次,为企业输送数字化"职工专家"200余名。青岛市总工会成立"工友创业联盟"对工友创业园进行孵化培育,联盟成立3年来,吸纳成员单位1000余家,先后组织参与工友创业大赛、山东半岛蓝色经济带创业高峰论坛、胶东5市职工创新创业成果展等活动,融资1.7亿元扶持工友创业园发展,带动全市近1000家上下游企业建会入会,拉动就业11万余人。

山东省总工会还联合省农业发展信贷担保有限责任公司推出"齐鲁工创贷",为工友创业园提供免担保费贷款服务,定向服务省级、市级工友创业园,以及市级以上工友创业优秀个人、农民工之星或联合创办的新型农业经营主体。贷款不仅享受省财政贴息,各市总工会还以奖代补,给予担保费全额补贴。截至目前,"齐鲁工创贷"项目已累计为上百家工友创业园、农民工之星贷款近3亿元。

(资料来源:根据《工人日报》相关报道及山东省总工会权益保障部提供材料整理)

(二) 扶持特色产业

随着国家对农村经济发展的重视,农村特色产业逐渐成为农民增收致富的重要途径。然而,农村特色产业的发展仍面临着诸多困难和挑战，如资金短缺、技术落后、市场不稳定等。为了解决这些问题，工会组织作为职工群众的代表和维护者，积极发挥自身优势，通过政策引导、资金扶持、技术支持、市场拓展等多种形式扶持农村特色产业发展，助力农民增收致富。

河南省平顶山市石龙区总工会先后出资 8000 元购置 1.4 万棵迷迭香，帮助何庄社区发展迷迭香种植产业，开发迷迭香系列产品，在帮助何庄社区发展特色产业的同时，石龙区总工会持续派驻 2 名精干人员扎实开展巩固拓展脱贫攻坚成果与乡村振兴有效衔接工作，不断提高群众的收入和幸福指数，让村民从传统农作物种植模式走向收益高、有特色的多元化种植。

四川省青川县曲河乡工会干部下沉一线，大力发展农民工会员，从培育致富带头人、先行先试承包集体荒废茶园 200 亩起步，到发动村民建设有机茶园 1356 亩，从开办茶叶加工小作坊到成立茶叶种植专业合作社、注册家庭农场，发展茶园采摘、茶园垂钓等茶文化衍生产业，走出了一条绿色化、优质化、特色化的产业振兴之路。

山东省枣庄市总工会通过实施"添翼振兴计划"，引入直播电商，有效破解农产品销路窄、运营模式旧、规模体量小、发展速度慢的制约性问题，实现经营模式转型突破。广西环江毛南族自治县总工会通过直播带货大赛、带货直播培训班等形式，打造"互联网＋短视频＋直播"的新型销售模式，为环江特色农产品的销售增添了新鲜活力。

第二章 产业振兴与工会工作

【经典案例】
陕西紫阳县总工会助力发展茶产业

陕西安康紫阳茶有着3000多年的历史，茶叶现已成为紫阳县的主导产业之一。目前，全县茶叶年综合产值占全县农业总产值的70%以上，紫阳富硒茶区域公用品牌价值达66.22亿元。近年来，紫阳县总工会以培训技能人才、开展劳动竞赛和挖掘传统制茶技艺为切入点，多措并举助力当地茶产业发展。

培训提升茶农技术水平

为提升茶产业从业人员的专业化水平，紫阳县总工会与江西婺源茶校合作，制订人才培训合作计划，输送100多名贫困家庭学员到婺源茶校大中专班学习。同时，坚持与县人社局、茶业局、农林科技局等部门联合开展"万人茶产业技能培训工程"，邀请中国农科院茶研所、中国茶叶学会、西北农林科技大学、省茶协等专家教授到紫阳县办专修班、开讲座，传递尖端信息，解读产业方向。截至2022年10月，紫阳县总工会共举办各类培训班400余期，培训茶叶技术骨干8万余人次，其中中级评茶员86名、初中高级茶艺师570名、初级加工技师520人、传统手工制茶技师1400余人，普遍提升了茶农的技艺水平和产品的综合价值。

"五项茶事"劳动竞赛激发内生动力

紫阳县总工会举办的"五项茶事"劳动竞赛以"采茶、种茶、制茶、营销、明星企业"为主要内容，以镇、村、企业等为单位，在全县范围内持续广泛开展，自2019年以来，先后成功承办了安康富硒茶首届手工制茶技术能手大赛、紫阳县首届手工毛尖制茶技术能手大赛等一系列赛事，并通过劳动竞赛评选表彰种茶能手和采茶能手、制茶能手、营销能手、明星企业、优秀专业服务队等，激发产业发展的内生动力。

继承与创新并举

为了弘扬手工制茶非物质文化遗产，紫阳县总工会牵头制定手工制茶技术要领，采取以竞赛带普及的方式，将传统手工毛尖制茶融入竞赛活动，在全县建立了12个"茶事劳动竞技、劳动就业培训手工茶实训、游客手工制茶体验"三合一实训竞赛基地，通过培训和竞赛的形式，巩固和培育紫阳传统毛尖手工制茶非遗工艺人才。同时，以"紫阳毛尖手工制作10大能手选拔赛""紫阳白茶加工技艺十大能手选拔赛"等为引领，培训3500余名产业工人，评选出"十大技艺能手"；开展以"中国梦·劳动美——学制茶促产业兴旺"为主题的职工手工制茶培训；举办紫阳职工茶文化培训班，讲授茶艺实操及茶艺舞台剧创作。通过竞赛和培训相结合的形式，紫阳县形成了"重茶、敬茶、事茶"的浓厚氛围，产生了"茶农收入增加、产业基地翻番"的良好效益。

组织"劳模带我去制茶"

为大力弘扬劳模精神、劳动精神和工匠精神，充分展示紫阳茶产业发展取得的成绩，发挥劳模在发扬茶文化、茶产业、茶科技中的积极作用，推动紫阳茶

第二章 产业振兴与工会工作

产业高质量发展，助力乡村振兴，紫阳县总工会组织开展"劳模带我去制茶"活动。通过茶业系统劳模的理论讲授和实操展示，让更多人认识紫阳茶，学习茶树修剪、茶园施肥等管护知识，感受紫阳茶的历史，为推动紫阳茶产业高质量发展贡献工会力量。

(资料来源：根据《陕西工人报》2022年10月18日第3版刊登文章《咬住"茶叶"不放松——紫阳县总工会以劳动竞赛助力县域经济发展》、紫阳县人民政府网站刊登文章《紫阳县开展"劳模带我去制茶"活动》整理)

【经典案例】

甘肃定西：产业链上建工会

近年来，甘肃定西市以打造"中国薯都"为目标，全面构建"产加销相衔接、贸工农一体化"的全产业链发展体系，目前已发展成为全国重要的商品薯生产基地和薯制品加工基地。在定西马铃薯产业园的职工中流传着一句话："薯农、'薯工'成'薯匠'，誓将薯田变'薯都'"，折射出当地工会组织以"产业链上建工会"助力马铃薯产业高质量发展的积极作为。

"量体裁衣"建工会

定西市总工会和区县总工会，不断探索"园区工会""开发区工会"等建会新模式，按照区域联建、行业统建等多种方式，"量体裁衣"建立58个工会组织，让耕作在田间地头的5.2万余名薯农走进职工之家。陇西县总工会依托当地产业龙头企业成立全县马铃薯产业联合工会；渭源县总工会根据"公司＋基地＋合作社＋农户"的经营模式成立工会组织；安定区、临洮县等总工会积极采取"单体建""联合建"等方式，在专业合作社、产业片带建立工会组织，帮助薯农实现标准化种植、科学化管理、机械化采收，实现从薯农到"薯工""薯匠"的升级。

劳模工匠化身产业发展"领头雁"

几年来，定西工会围绕马铃薯产业链，选树了71名劳模工匠，并发挥劳模工匠的引领带动作用建起劳模工匠工作室，培养产业发展"领头雁"。在工会支持下，全国农业劳动模范康勤大力发展马铃薯脱毒苗繁育、原种及种薯生产、新品种引进事业，举办马铃薯技术培训班230多期，带动"薯工"人均年增收近1.2万元；甘肃省劳动模范马明义带领团队研发出旋耕起垄铺膜联合作业机、旋耕覆膜覆土联合作业机等系列旱作农机装备30余种，不断将技术成果转化为强劲的生产力。

集体协商助力企业健康发展

安定区总工会深化工资集体协商工作，推动马铃薯产业链企业签订工资集体合同；陇西县总工会充分发挥"12351"职工维权热线作用，督促各类行业产业相关企业健全和完善工会组织，指导合作社签订工资集体协商、女职工权益保护和劳动保护专项集体合同，助力企业健康发展。同时，通过"党工共建"和慰问关爱活动，组织开展文体活动、知识讲座等，促进马铃薯产业相关企业与职工之间的情感交流。

资料来源：（根据《工人日报》2023年9月15日第2版刊登文章《薯农变"薯匠" 薯田变"薯都"》整理）

【经典案例】

山东菏泽：培育特色产业增强乡村振兴内生动力

山东省菏泽市各级工会组织立足农村的客观实际，依托当地丰富的农业资源，大力发展特色农业种植业，发展优势产业，从而激发乡村自身发展的内生力。

菏泽市拥有淘宝镇93个、淘宝村541个，淘宝村数量位居全国地市级首位，建成20个直播电商孵化培训基地。市、县两级工会为每个电商产业园区配备1名工会工作指导员，指导园区工会规范化建设；依托明星职业培训学校，组织农民工学技术，举办计算机操作员、电子商务、创业等各类技术技能专业培训，不断提升创业园扶持创业能力，帮助更多农民工实现创业梦，构建以园区带创业、以创业促就业的良好格局，有效带动周边农民工实现创业就业。2022年以来，共免费培训3.84万余人，带动就业9万人。

山东狮克现代农业投资有限公司蹚出生态农业新路子。一是依托工友创业园，通过产业带动、就业安置、物资帮扶、农科驿站、基地+农户承包采摘分红等多种方式，带动20余万名农民发展蔬菜产业。二是先后成立菏泽芹菜产业服务团和中药材产业创新创业共同体，大力开展科技下乡服务+蔬菜产业特色服务+新技术示范推广+促进乡村产业振兴服务新路径，带动22万余名菜农生产增收。三是通过为农民工提供创业项目、创业培训、创业指导、政策扶持等综合服务，扶持农民工、新就业大学生和优秀特长的工友创业，带动了农民致富和社会就业。

省级工友创业园菏泽启迪创业孵化器有限公司依托孵化器助力工友创业。近年来，共孵化科技企业200余家，服务企业超800家，15家企业成功挂牌，10家企业获得融资，7家获评高新技术企业，14家获批科技型中小企业，11个创业项目成功实现产业化。开展创业活动400余场，培训人员8万余人次。为企业提供100多个招聘信息，申请近300件知识产权，为创业职工解决法律纠纷10余次，实现投融资对接70多次，带动近500人就业。获评国家级和省级科技企业孵化器、山东省创客之家、山东省中小企业公共服务示范平台、省级工友创业园和市级小微企业创新创业示范基地等多个荣誉资质。

鄄城县总工会致力于打造"特色旅游文化高地，发展特色乡村休闲游"。利用苏泗庄银杏林休闲娱乐区、董口军屯回民文化村、葵堌堆旅游示范村等旅游景点，打造贯穿旧城镇、董口镇、李进士堂镇等5镇精品旅游线路，吸引周边群众前来打卡游玩。利用黄河滩区迁建纪念馆、刘邓大军渡黄河处、孙膑旅游城等旅游资源，深入挖掘文化内涵，打造特色文化品牌，年可接待游客30万人次。

（资料来源：根据菏泽市总工会提供资料整理）

第二章　产业振兴与工会工作

（三）推动产业技术创新

在新时代背景下，农村产业技术创新已成为推动乡村振兴的重要引擎，全国各地工会组织发挥自身优势，在推动农村产业技术创新方面起到重要作用。一方面，工会组织与政府部门加强沟通协作，积极参与农村产业技术创新政策的制定和实施，为农村产业技术创新提供有力的政策支持；另一方面，工会组织积极搭建技术交流平台，促进农村产业技术创新的交流与合作，通过举办技术培训班、技术交流会等形式，推动农村产业技术创新的人才培养和技术成果转化，提高农村产业技术创新的整体水平。此外，通过设立专项资金、开展扶贫项目等方式，支持农村产业技术创新的发展，为农村产业技术创新提供有力的资金保障。

山东各级工会依托工友创业园搭建农民工技能学习交流平台，打造省级农民工培训基地，每年列支技能培训专项奖补资金，组织发动劳动模范、高技术人才为工友创业园提供政策指导、技能培训，组织农民工到基地学技术、学创业，累计培训7.3万余人次。日照市总工会选聘100多名不同专业的优秀人才，成立"农民工学堂培训导师库"，针对农民工开展"点餐式"选学、"送餐式"教学，已举办1000余场次，参与农民工3万余人次，1万余名农民工取得培训合格证书。栖霞市总工会专门聘请专业对口的劳动模范、农民工之星等10余人成立工会创业导师团，为农民工开展"一对一、一对多"式的线上线下指导500余次，帮助2000余名农民工走上创业致富路。在革命老区临沂市沂南县，当地工会以农业龙头企业、农民合作社、农业园区、特色小镇等为重点，培育了 63 家工友创业园。省级"农民工之星"陈金山培育的"诸葛锦鲤"，在中国国际现代渔业科技博览上引发关注。目前，山东全省工会系统搭建的工友创业导师库拥有 1000 余人。"导师库"已成为帮助众多农民工技能致富的"锦鲤潭"。

河北省唐山市成立全国劳模助力乡村振兴工作室联盟，旨在发挥科研和技术优势，培育和推广新品种、新技术、新模式，汇集国内外优质农业科研资源，提供 7×24 小时线上线下相结合的技术指导，让农民随时随地能挂上"专家号"。联盟以唐山市总工会为指导单位，聚焦有效推动乡村产业经济发展，全面提升农村产业整体质量和竞争力，助推唐山市农业产业安全、粮食安全、食品安全的工作目标，探索推广"一棚、一场、一池、一储存、一品牌"（大棚、养猪场、沼气池、农产品加工存储、创建品牌）"五个一"模式，通过推进生姜种植新技术、推广甘薯无毒技术、探索碳基肥土壤改良技术等，通过跨区域、跨行业、跨企业的强强联合，筑牢农业产业基础，助力乡村全面振兴。

玉米种子是甘肃省张掖市临泽县的主导产业，临泽县总工会围绕玉米制种产业推进劳动竞赛、"五小"等群众性创新创造活动，培育创建了县农技中心赵亮劳模创新工作室、屯玉绿源种业宋学福劳模创新工作室等一批在全面推进乡村振兴中发挥积极作用的市县级重点劳模（职工）创新工作室，并指导成立玉米制种产业劳模（职工）创新工作室联盟。创新联盟不仅能培育推广更高产、更优质的玉米品种，更能充分发挥劳模工匠的作用，与科研院所、高校精准对接，推进劳模工匠和技能人才抱团创新、协同攻关、技能共享，搭建技术攻关、名师带徒、产品创新、技能交流、成果转化的"工"字号平台，共同守牢粮食"芯片"。

【经典案例】
山东省农林水工会："以赛促创"提升乡村产业技能

山东省农林水工会推动山东省总工会和5个相关厅局在全国率先部署开展了"乡村振兴杯"和"建设绿色安澜黄河"创新创优竞赛活动，以安全生产、工作创新、技术创新、职业技能、示范项目和重点工程、职工小家建设及数字变革创新等7项竞赛为载体，以赛促学促训促练，充分激发乡村产业的创新创造活力。

近四年来，山东省农林水工会在全系统开展了150多项省级和本级竞赛，其中农技推广服务竞赛、农业装备设计大赛、农业科技赋能大赛、重点项目和工作创新竞赛等6大类竞赛为近年来首次开展，同时培育选树出省级全员创新企业典型、创新工作室典型、工匠人物典型、创新团队典型等一批先进群体，起到了学有榜样、赶有目标，树一个带一片的良好作用。《小麦宽幅精播高产栽培技术创新研究与示范推广》《泵站机组大修叶轮专用工具制作与应用》等4项成果分获全省职工创新竞赛决赛一二三等奖，涌现出省农业农村厅"机收减损大比武 增产增收助振兴"、省水利厅"五小岗位创新为乡村振兴注入水动能"、威海市总工会"田间培训小课堂 乡村振兴大作为"、德州市总工会"开展农业机械领域五小创新创优活动"等众多先进经验，并在全省推广。

此外，威海市农林水工会构建起"1+3+N"助力乡村振兴工作体系，以职业农民、农业产业工人队伍为主体，围绕种植、渔业、畜牧、农机装备等开展田间课堂、技能竞赛和工匠人才培育选树活动100多场次，更多的知识型、技能型、创新型产业工人从田间地头脱颖而出。烟台市、淄博市和临沂市农林水工会以工友创业园创建为抓手，通过加强思想政治引领、深化就业创业服务、提升职工技能素质、实施劳模结对带动等措施，推动产业技术创新、业态创新和管理创新，既深化了新时期产业工人队伍建设改革，又为促进乡村振兴做出了积极贡献。

（资料来源：根据山东省农林水工会提供资料整理）

【经典案例】

山东威海："田间课堂"迸发大能量

山东省威海市临港区聚集了40余家涉农企业，但由于产品附加值较低，职工大多来自周边农村，技能水平不高，在一定程度上制约了农业产业的高质量发展。为此，威海市总工会于2020年7月指导临港区成立农林水产业工会委员会，覆盖了区域内35家涉农企业，吸纳1200余名职工入会。临港区农林水工会因地制宜，通过送到田间地头的技能培训，帮助农民工提升技能，为推进乡村振兴增添"工"力量。

第二章　产业振兴与工会工作

田间地头开"小班"

威海临港区农林水工会成立后，以"服务区域发展"为中心，将服务涉农企业、服务农业产业职工、服务农业产业发展作为工作重点，按照企业、职工"缺什么，补什么""需求什么，培训什么"的原则，将培训课堂从教室搬进田间地头，通过"点单式"，让技能培训真正"活"起来。不仅如此，"田间课堂"改变了以往上百人集中培训的模式，采取更贴合实际的"小班制"教学。专家讲师直接在田间地头、工作现场讲解，并与涉农产业职工面对面互动交流，让参训职工学到实实在在的技术。

抓好"两个保障"

抓组织保障，延伸培训长度。临港区农林水产业工会根据培训需求组建了一支拥有26名讲师的乡村振兴讲师团。讲师团中既有来自专业院校的专家学者，还有身怀绝技的劳模工匠、非遗传承人等。

抓阵地保障，拓展培训宽度。为使培训达到"1+1＞2"的效果，临港区农林水产业工会还探索成立"培训基地+课堂"的工作推进模式，先后在临港区樱聚缘农业股份有限公司等涉农企业成立涉及苹果、芦荟和蓝莓等8个产业的技术培训基地，在为职工提素的同时，也为"田间课堂"的开展提供场地保障。

学用结合讲实效

结合产业工人队伍建设改革，"田间课堂"着力培养新型农业产业工人，并为此设置了12种专业课程，既有传统的果蔬病虫害防治、果树剪枝，也有新业态下植保无人机操作、民宿管理、电商直播带货等内容，帮助涉农产业职工苦练内功，提升"造血"能力，将他们打造成懂技术、会管理的高素质产业工人。

通过"田间课堂"的培训，临港区有5人加盟了花饽饽门店，有27人取得植保无人机操作证实现再就业，文峰、上善堂、威鹰等企业通过直播带货增加销售收入100余万元。

（资料来源：根据山东工会网2022年11月23日刊登文章《田间"小"课堂爆发"大"能量》、《工人日报》2022年12月14日第2版刊登文章《工会"田间课堂"开课啦》整理）

（四）加强产销对接

农村产销对接一直是制约农村经济发展的难题，特别是农产品的深加工和销售目前仍面临诸多困境，如信息不对称、渠道不畅、品牌影响力不足等。如何打破这一"瓶颈"，让农产品更好地走向市场，成为当前农村发展的重要课题。各级工会组织具有广泛的会员基础和丰富的社会资源，通过搭建产销对接平台、举办品牌推广活动、拓展销售渠道、开展消费帮扶等多种形式为农产品的推广销售提供有力支持。

常熟自古有"锦绣江南鱼米之乡"的美誉。常熟市总工会挂牌成立水产养殖职工实训基地，打造培训、养殖、销售一体化平台，当年培训人数达500人（次）。2022年4月，与常熟农商银行共同搭建"海棠铺子2.0"线上惠

第二章 产业振兴与工会工作

农、惠企、惠民服务平台,通过常熟工会微信公众号推广销售"海棠铺子"旗下农产品,积极推动产业链、供应链、销售链环环相扣、纵向贯通,当年销售额达7000万元,带动上千农户致富增收。

为助推本地优势特色农产品走得更高更远,宁夏回族自治区石嘴山市平罗县总工会创新工作方式,紧跟直播的潮流趋势,聚焦"六新六特六优"产业,开展"工会+企业+直播+推介"的形式,实现线上线下互联互通,进一步搭建农商对接平台,推动当地优势特色农产品走向区外。依托宁夏贺兰山东麓优势资源和"黄渠桥羊羔肉"地理标志等优势条件,打造个性化的电商运营模式,实现线上线下深度融合,带动产业发展,助力乡村振兴、农民工增收。

黑龙江省财贸轻工纺织工会联合省绿色食品协会共同举办"龙江绿色食品品牌推广暨网络达人直播大赛",将黑龙江省级优质农业品牌"黑土优品"与网红经济有效融合,用"展销推介+直播电商+绿色农产品"新模式,发掘并培育电商人才,提供更多就业机会,同时向全国推荐黑龙江特色食品,助力地方经济发展。

在山东省潍坊市青州市总工会的指导下,青州市成立工友创业联盟,整合山东八喜文旅集团有限公司等各类专业资源,打造了"数商兴农"助力乡村振兴新模式。工友创业联盟汇聚各方面资源,打造交流学习、资源共享、相互赋能、共谋发展的平台,提供"线上+线下"全方位服务,助力乡村振兴。在线下,工友创业联盟优品展厅的青小甲市集一楼大厅里,打造了占地4000平方米的产品直观展览展示区，新建1900平方米的实物展览台，不定期举办工友创业园产品推介会120余场；在线上，工友创客空间里，按照地域特色，以镇街、园区、龙头农业企业为单位，建设带货直播间50余个，打造独具特色的专属直播间和带货直播号。如今，工友创业园已构建起普惠共享、线上线下融合的农产品流通体系，带动农特产品从"种得好"到"卖得好"，帮助农民群众增收致富。青州市47家工友创业园、120余种农特产品通过联盟平台推广销售，两个月内线上线下累计销售金额超过4000万元。

广州市总工会积极联动市相关部门，实施增加工会会员节日慰问经费额度600元/人/年的消费帮扶政策，建立"羊城职工帮扶馆"，全城联动在市重点商圈、产业园区，以每季一主题的形式，举办特色产品展示展销、宣传推介、游播探店、直播带货等消费帮扶系列活动，全面打造"消费帮扶工惠行"品牌效应，推动形成处处可为、时时可为、人人可为、人人愿为的工会消费帮扶体系，解决受援地、帮扶地、合作地优质农副产品出村出山"最先一公里"和进城上桌"最后一公里"的难题。据统计，2023年广州市销售帮扶农产品累计超240亿元。

【经典案例】
江苏滨海县总工会牵线"百村+百企"

江苏省滨海县属农业大县，具有何首乌、杞柳、山芋等10多种特色种植业优势，但由于受技术、资金、营销等因素的影响，对农副产品缺少深加工，导致产出效益不高。为此，滨海县总工会于2023年1月

第二章　产业振兴与工会工作

出台《关于推动村企联合开发特色产业助力乡村振兴的意见》，把全县农业资源与企业技术、资金、设施、营销优势有机结合，为乡村振兴贡献工会力量。

通过县总工会牵线搭桥，组织100家企业与100个村建立合作关系，对本县具有潜力的农产品进行综合开发，同时挑选160名劳模、670名工匠与种植大户进行一对一专业技术辅导。通过联办农产品深加工企业、技术服务站、营销直播平台等，补齐种植农户技术、资金、设施、营销等短板，示范带动全县特色种植业转型升级，促进农民增产增效。

滨海县陈涛镇是全县山芋种植大镇，镇工会组织本镇中涛农产品开发合作社等3家农业龙头企业与五层、六联等8个村山芋种植大户签订合同，实行"大户+公司"发展模式，从事山芋深加工，生产山芋粉丝，进入500余家超市销售，截至2023年9月底，共为山芋种植户增加收入700多万元，3家农业龙头企业共获利160多万元。

截至2023年12月底，滨海县已有106家企业与131个村建立联合开发农产品合作关系，企业帮助村建立76个技术服务站，线上线下培训种植业技术人才1.4万多人次，建立师带徒4670对，促进扩大特色种植6万多亩，从事农副产品深加工项目136个，帮助村民增收8000多万元，企业增效6000多万元。

（资料来源：根据《工人日报》2023年11月23日第2版刊登文章《"百村+百企"合作促双赢》整理）

【经典案例】

山东省枣庄市：直播电商为工友"添翼振兴"

山东省枣庄市总工会坚持"电商带动、重点推动、培训拉动"的工作思路，通过实施"添翼振兴计划"，引入直播电商，设立"电商专业指导委员会"，通过直播业务，省、市级工友创业园销售额累计达到 2 亿多元，同比增长 25%，取得了"以销带产"甚至"销量倍增"的良好效果，有效破解了工友创业园产品销路窄、运营模式旧、规模体量小、发展速度慢的制约性问题，实现经营模式转型突破。

搭建创业联盟平台，集聚直播电商人才

成立枣庄市工友创业联盟，设立"电商专业指导委员会"，吸纳高校、电商企业、社会组织等专业人才 85 名，为全市工友创业园和创业联盟成员单位提供指导服务。召开直播电商助力工友创业专题研讨会，促进园商供需对接、机制对接、平台对接，同步走好线上线下销售两条路。采取"示范带动、重点推动、培训拉动、合作联动"等措施，以省级工友创业园为切入点，年内省、市、县级工友创业园全部开设电商直播业务。

推广"创业园＋电商"模式，构建直播电商矩阵

充分发挥曙光一线传媒有限公司等直播电商龙头企业的优势，采取灵活措施，帮助 155 个"工友创业园"、创业联盟成员单位开设了电商直播平台和直播业务。截至 2023 年 9 月底，当年省、市级工友创业园销售额累计达到 2 亿多元，与上年同期相比增长了

25%。在山东省乡村振兴"工创能手"新零售创新创业实战大赛，我市参赛选手马宝学、冯义一举夺得本次大赛特等奖、一等奖。

强化以展促销，聚力打造"工创优品"

举办枣庄市工友创业产品直播电商推介会，89家企业参展，推介143个系列、278个品种、568个产品和服务项目。举办枣庄直播消费季暨天然乌拉圭推介活动、"山亭好品·播融世界"山亭区首届电商直播技能大赛，推广枣庄"工创优品"。编印《枣庄工友创业产品名录》、依托"齐鲁工会"App开发"工创小店"、代表创业园与邮政公司协商，持续为直播电商业务做大做强实基础、强保障、添动力。通过电商助力，王老吉（枣庄）大健康产业园石榴饮品，取得了单日直播销售11万单的优异成绩。

（资料来源：根据山东省枣庄市总工会提供资料整理）

第三章

人才振兴与工会工作

党的二十大报告提出，全面推进乡村振兴。坚持农业农村优先发展，坚持城乡融合发展，畅通城乡要素流动。[①]习近平总书记指出，"人才振兴是乡村振兴的基础，要创新乡村人才工作体制机制，充分激发乡村现有人才活力，把更多城市人才引向乡村创新创业"。[②] 人才资源是第一资源，人才是全面推进乡村振兴的重要支撑。实施乡村振兴战略，必须加强现代"三农"人才培育，按照懂农业、爱农村、爱农民的现代农业人才要求，在人才培养、配备、管理和使用上做足文章。中国工会以习近平新时代中国特色社会主义思想和中央农村工作会议精神为指导，聚焦实施乡村振兴战略，围绕乡村人才振兴，充分发挥工会组织紧密联系职工群众的政治优势、组织优势、宣传优势，积极动员社会力量，汇集社会资源，全面参与、服务乡村人才振兴

---

① 习近平：《高举中国特色社会主义伟大旗帜　为全面建设社会主义现代化国家而团结奋斗——在中国共产党二十次全国人民代表大会上的报告》，人民出版社2022年版，第30、31页。

② 习近平：《习近平谈治国理政》第三卷，外文出版社2020年版，第261页。

第三章　人才振兴与工会工作

重大工程，推动形成工农互促、城乡互补、协调发展、共同繁荣的新型工农城乡关系，促进农业农村现代化。

一　人才振兴是乡村振兴的关键因素

（一）人才是乡村全面振兴的核心动力

人才振兴是乡村振兴的关键因素。如果没有人才的支撑，乡村振兴只能是一句空话。乡村人才振兴的关键，就是要让更多人才愿意来、留得住、干得好、能出彩，人才数量、结构和质量能够满足乡村振兴的需要。[①] 乡村人才振兴的核心是发挥人的主观能动性，激发乡村人才的创新创造活力。为实现这一目标，政府需要加大对农村教育、医疗、基础设施等方面的投入，提高农村居民的生活水平和福利待遇。同时，通过乡村振兴战略的实施，推动农业现代化、农村产业多元化发展，为乡村人才提供更多的就业和创业机会。乡村人才振兴还与城乡融合发展密切相关，政府应推动城乡要素在更大范围内自由流动和优化配置，打破城乡二元结构，实现城乡居民共享公共服务和社会福利，从而促进城乡人才的交流互动，为乡村振兴提供源源不断的动力。只有真正发挥人才的作用，才能推动乡村振兴战略取得实质性进展，实现乡村全面振兴的宏伟目标。

乡村人才振兴是乡村振兴的重要支撑。首先，乡村人才振兴有助于推动农业现代化，提高农业生产效率。在新时代

---

① 索柏民、曲家奇：《以人才振兴促进乡村振兴的理论分析与路径探索》，《沈阳师范大学学报》（社会科学版）2024年第2期。

背景下，农业现代化已经成为中国经济社会发展的重要任务，而加快推进农业农村现代化，迫切要求培养造就一支懂农业、爱农村、爱农民的"三农"工作队伍，他们能够运用现代科技知识，提高农业生产效率，推动农业产业结构调整，从而实现农业的可持续发展。其次，乡村人才振兴是促进乡村全面振兴、实现共同富裕的重要支撑。乡村振兴不仅是经济发展的问题，更是关乎农民生活质量和社会公平正义的问题。乡村人才是乡村振兴的重要力量，他们能够引领乡村创新发展，推动乡村产业升级，提高农民收入，改善农村生活环境，从而推动乡村全面振兴，实现共同富裕。再次，乡村人才振兴对于实现城乡融合发展具有重要的推动作用。城乡融合发展是我国现代化建设的重要方向，而实现城乡融合发展，需要城乡人才的互动交流和共享资源。乡村人才可以通过流动到城市，获取更多的发展机会和空间，同时也可以将城市的先进理念和技术带回乡村，推动乡村的发展。最后，乡村人才振兴对维护国家安全和社会稳定具有重要的意义。农村是中国社会稳定的重要基础，而乡村人才是农村稳定的关键因素，他们通过自身的努力，提高农民的生活水平和经济收入，可以有效缩小城乡差距，缓解社会矛盾，促进社会和谐。可以说，乡村人才是我国经济社会发展的宝贵资源和财富之一，通过加强乡村人才培养和引进工作，可以培养出更多优秀的乡村人才，为实现中华民族伟大复兴的中国梦贡献力量。[①]

---

① 章文光：《为乡村振兴提供坚实人才支撑》，《人民论坛》2024年第1期。

第三章 人才振兴与工会工作

乡村人才振兴应坚持需求导向,探索乡村人才引进支持计划。乡村人才队伍建设是有效推进乡村全面振兴的重要支撑。目前,乡村人才队伍建设存在人才引进机制不健全、人才结构不合理等问题:乡村地区的人才引进机制还不够完善,缺乏有效的激励机制和保障措施,无法吸引和留住人才;乡村地区的人才结构不完善,存在高级人才和专业人才短缺和低技能劳动力过剩双重困境。因此,乡村人才振兴应坚持需求导向,建立和完善人才引进机制,确保引才和引智并重。为此,一是要创新选拔方式,深化人才发展体制机制改革,强化效益意识和柔性引才理念,使更多的智慧资源和创新要素为乡村所用。传统的人才引进方式往往注重学历、职称等硬性条件,而忽视了人才的实际能力和贡献。因此,要打破这种束缚,建立以能力和业绩为导向的人才引进机制。同时,要拓宽人才引进渠道,通过市场化手段引进各类急需紧缺人才。实施"乡村人才回流计划",积极引导高校毕业生、在外务工经商人员、退役复员军人等本土人才返乡创新创业或担任村干部,打造既熟悉本土环境,又具备带动能力的本土人才队伍。[①] 同时,出台和完善人才创新创造、职称评定等方面的配套政策,消除人才引进体制机制的障碍。二是发挥制度优势,营造良好营商环境。政府应制定一系列优惠政策,鼓励和支持各类人才到乡村发展。例如,可以给予乡村创业者税收减免、贷款贴息等政策支持;对在乡村工作的人才提供住房补贴、

[①] 田阡、陈雪:《乡村振兴中的本土人才生成及其治理效应》,《北方民族大学学报》2023年第5期。

子女教育等优惠措施;建立乡村人才奖励机制,对在乡村振兴中做出突出贡献的人才给予表彰和奖励。通过这些政策措施,增强乡村对人才的吸引力。同时,要加强对乡村人才的宣传推介,让更多人了解乡村的发展机遇和潜力。

乡村人才振兴应精准育才,开展高素质农民培育计划。推动乡村全面振兴,关键靠人,着力培育高素质农民,将为推动乡村振兴提供强有力的人才保证。《2023年全国高素质农民发展报告》显示,我国高素质农民平均年龄为45岁,高中及以上文化程度的占60.68%,大专及以上文化程度的占21.95%,队伍结构持续改善;2022年获得农民技术人员职称、国家职业资格证书的比例分别比2021年提高了6.64个百分点、3.46个百分点。一大批大中专毕业生、外出务工返乡人员等新生力量加入高素质农民队伍,占比达49.25%,农民素质得到明显提高。但我们也要清醒地看到,乡村人才工作依然存在短板,乡村人才总体发展水平与乡村振兴的要求之间还存在差距。高素质农民要具备较强的农业生产技能,能够熟练掌握现代农业生产技术,提高农业生产效率;又要具备较强的经营管理能力,能够运用现代管理理念和方法,提高农业经营效益;还要具备较强的创新创业精神,能够积极投身农业科技创新和农业产业化发展,推动农业产业结构调整和升级;更要具备较强的社会责任感,能够积极参与乡村治理和社会公益事业,为乡村振兴贡献力量。因此,一是要构建多元化的高素质农民培育体系。[①] 要加强

[①] 辛宝英、安娜、庞嘉萍编著:《人才振兴——构建满足乡村振兴需要的人才体系》,中原农民出版社、红旗出版社2019年版。

第三章 人才振兴与工会工作

顶层设计，制定高素质农民培育规划，明确培养目标、培养内容、培养方式、培养机制等；要加强政策引导，制定一系列优惠政策，鼓励和支持农民参加培训；要加强组织协调，形成政府、企业、社会组织、农民等多方共同参与的高素质农民培育格局。二是要加强农民职业技能培训。通过开展农业生产技术培训班、农业科技下乡活动等，传授现代农业生产技术，提高农民的农业生产技能；加强农业经营管理培训，通过开展农业经营管理培训班、进行农业合作社经营管理培训等方式，传授现代经营管理理念和方法，提高农民的经营管理能力；加强农业创新创业培训，通过开展农业创新创业培训班、进行农业产业化发展培训等，传授农业创新创业知识和技能，激发农民的创新创业热情。三是加强高素质农民培育的政策支持。要加强政策扶持，确保培训政策的落地；制定一系列优惠政策，鼓励和支持农民参加培训，提高农民参加培训的积极性。

乡村人才振兴需用心留才，优化乡村人才发展环境。目前，乡村人才发展环境存在基础设施不完善、工作环境较差、收入待遇较低等问题：许多乡村地区的基础设施建设相对落后，如道路、水电、通信等设施不完善，给人才的生活和工作带来诸多不便，以及一些乡村地区的医疗、教育等公共服务设施也相对不足，影响了人才的生活质量；乡村地区的工作环境相对较差，如办公设施陈旧、科研条件有限等，不利于人才发挥其专业技能和创新能力，同时乡村地区的产业结构单一，缺乏多样化的就业岗位，限制了人才的职业发展空间；相较于城市地区，乡村地区的经济发展水平较低，人才的收入待遇普遍较低，这使得一些有才华的人才不愿意留在乡村地区工作，导致乡村地区的人才流失严重。为此，一是要加强基础设施建设，完善公共服务体系。提升乡村基础设施水平，特别是交通、通信、教育、医疗等方面的设施，使乡村生活更加便捷舒适，这将有助于消除城乡差距，吸引更多人才到乡村工作和生活。建立健全乡村公共服务体系，通过提供优质的公共服务产品，满足乡村人才及其家庭的基本需求，例如，完善乡村教育体系，确保乡村子女接受良好教育；加强乡村医疗卫生服务，提高健康保障水平。二是营造良好文化氛围。加强乡村文化建设，弘扬乡村优秀传统文化，培育文明乡风。通过举办各类文化活动、建立乡村文化社团等方式，丰富乡村文化生活，增强乡村对人才的吸引力。三是建立激励机制，提供人才发展机会与平台。建立健全乡村人才激励机制，对在乡村振兴中做出突出贡献的人才给予表彰和奖励。完善人才评价体系，将工作实绩、群众认可等作为重要评价标准，增强人才的荣誉感和归属感。为乡村人才提供广阔的发展空间和平台，支持他们参与乡村产业发展、科技创新和社会治理等活动。通过政策扶持、项目支持等方式，激发人才的创新创造活力，为乡村振兴提供有力的人才保障和智力支持。

乡村人才振兴需合理用才，塑造乡村人才应用新局面。加大改革创新力度，着力打破城乡人才流动的壁垒，畅通城市人才资源下乡的通道，推动各类人才、项目、资源向基层一线倾斜，确保乡村地区能够充分享受到人才红利和发展机遇。首先，打破城乡户籍、地域等限制，为人才在城乡间自由流动创造便利条件，引导城市优秀人才向乡村流动。例如，制定更具吸引力的人才政策，提供优厚的待遇和发展空间，让城市人才看到在乡村也能实现个人价值和事业发展的可能性；鼓励城市优秀人才到乡村挂职、兼职或创业，将先进理念、技术和管理经验引入乡村。其次，要推动项目资源下沉基层，政府和社会各界应共同努力，将更多科技、教育、文化、卫生等项目资源投向乡村，促进乡村社会事业的全面发展；定期举办城乡人才交流大会、论坛等活动，促进人才之间的交流与合作，鼓励高校、科研院所等机构与乡村合作，开展人才培养和科研项目合作。最后，建立健全城乡人才交流合作机制。建立城乡人才信息共享平台，设立统一的人才数据库，整合城乡各类人才信息，包括教育背景、工作经历、专业技能等，实现人才信息的互通共享，利用现代信息技术手段，如大数据、云计算等，对人才信息进行智能分析和匹配，提高人才资源的配置效率。

（二）工会是促进乡村人才振兴的有力助推手

工会是促进乡村人才振兴的重要社会力量。工会作为代表职工利益的社会组织，有责任关注并参与国家的重大战略。工会的参与有助于充分发挥其作为党联系职工群众的桥梁和纽带作用。通过工会组织的引导和服务，可以更好地将广大职工群众团结在党的周围，共同致力于乡村振兴战略的实施。乡村人才振兴是实现乡村振兴的重要基础，工会通过参与乡村人才培养、技能提升等活动，提高农村劳动力的技能水平和就业能力，为乡村产业发展提供有力的人才支撑，有助于推动乡村经济社会的发展，提高农村地区的生产力和竞争力。随着城镇化进程的加快，大量农民工进入城市工作，工会通过维护农民工的合法权益，促进农民工的市民化进程，推动城乡融合发展，有助于打破城乡二元结构，实现城乡资源要素的自由流动和优化配置，进一步推动乡村振兴战略的深入实施。工会发挥自身优势，履行社会责任，促进城乡人才、资源和信息的双向流动，有助于缩小城乡差距，推动城乡融合发展，有利于推动农村教育、文化、卫生等社会事业的发展，提高农民的综合素质和生活水平，促进社会和谐与进步。

各级工会坚持以习近平新时代中国特色社会主义思想为指导，一直以来，在推动社会和谐、促进职工权益保护方面发挥着积极作用。随着乡村振兴战略的深入实施，工会组织更是将其职能延伸至乡村人才振兴领域，利用自身优势为农村地区的人才发展和经济建设贡献力量。首先，工会的一大显著优势在于其覆盖广泛且深入的组织网络。这一网络不仅在城市中根深蒂固，更延伸至乡镇和村庄，构建了一个自上而下、从中央到地方、从城市到农村的全覆盖体系。这一体系使工会能够迅速而准确地传达国家有关乡村人才振兴的各项政策，确保政策信息能够第一时间抵达基层，为乡村人才提供及时的指导与支持。同时，工会还能有效监督这些政策的实施情况，确保政策落到实处，真正惠及广大乡村人才。通过这一强大的组织网络，工会在推动乡村人才振兴中发挥着不可或缺的作用。此外，工会能够依托于这一网络开展有针对性的职业技能培训，将教育资源下沉到农村，帮助农民提升个人能力，实现技能与市场需求的对接。[①] 其次，工会在职业技能培训方面具有丰富的经验和资源。工会可以根据乡村产业发展的实际需要，设计并提供多样化的培训课程，包括农业现代化技术、家庭农场经营、乡村旅游服务等，帮助农民掌握一技之长，增强其在就业市场上的竞争力。值得一提的是，这种培训不仅面向农民个体，也致力于提升乡村企业员工的技能水平。通过提升整体劳动力的素质，工会为乡村产业的升级和发展奠定了坚实的人才基础，助力乡村经济的繁荣与可持续发展。最后，工会在政策宣传与实施方面的能力不容小觑。工会能够借助多元化的形式，如精心组织的培训班、深入浅出的讲座以及富有成效的研讨会等，向广大农民工普及劳动法律法规知识，有效提升他们的法律意识。同时，工会还积极发挥桥梁与纽带作用，协助政府部门推动乡村人才振兴相关政策措施的落地实施。通过精准对接、细致落实，工会确保各项优惠政策能够精准到位，让农民工真切感受到国家对乡村人才的深切关怀与坚定支持。这些举措不仅提升了农民工的获得感与幸福感，也为乡村人才的蓬勃发展注入了强劲动力。

此外，工会与企业之间建立的紧密合作关系，为乡村人才振兴提供了坚实的支撑。工会凭借与企业的良好关系，积极为农民工提供优质的就业服务，搭建起高效的用工对接平台，助力他们找到更理想的工作岗位。同时，工会还致力于引进更多的外部投资和项目，为乡村地区注入

[①] 张世光：《乡村要振兴，有产业还得有能人》，《工人日报》2024年3月10日第4版。

新的活力，推动乡村经济的蓬勃发展。通过这些合作，工会不仅成功帮助农民工找到了更好的就业机会，也为乡村吸引了宝贵的外部资本和先进技术，进一步促进了乡村产业的多元化发展，为乡村的振兴注入了强大的动力。在权益保障领域，工会承载着天然的职责，有着丰厚的经验。作为农民工的坚强后盾，工会积极发挥自身优势，通过建立劳动争议调解机制，为农民工提供及时有效的法律咨询服务，帮助他们妥善解决劳动合同、工资待遇、社会保险等一系列关键问题。这些举措不仅有力维护了农民工的合法权益，更为乡村人才营造了一个公平、公正、和谐的工作和生活环境。在工会的精心呵护下，乡村人才得以安心工作、舒心生活，从而吸引更多优秀人才汇聚乡村，共同推动乡村的振兴与发展。工会的社会影响力也是其在乡村人才振兴中不可忽视的优势。工会凭借其强大的号召力和组织能力，通过发起各类社会活动、组织志愿服务等多种形式，成功动员了广泛的社会力量来关注和支持乡村人才振兴事业。这些活动不仅激发了社会各界的积极参与热情，更在全社会范围内凝聚起了共同推动乡村人才振兴的强烈共识。工会以其独特的方式，将社会各界的智慧和力量汇聚在一起，形成了一股强大的合力，为乡村人才的成长与发展注入了源源不断的动力。

（三）汇聚工会优势，助力乡村人才振兴

发挥工会作用，助推农民向现代化新型产业工人的角色转变。新型职业农民是农业领域的专业产业劳动者，可以说是农业领域的产业工人，是工会新的或者潜在的服务

第三章 人才振兴与工会工作

群体。习近平总书记强调,"让愿意留在乡村、建设家乡的人留得安心,让愿意上山下乡、回报乡村的人更有信心,激励各类人才在农村广阔天地大施所能、大展才华、大显身手",[①] 工会的积极参与对于协助农民转型成为现代化新型产业工人至关重要。一是运用互联网＋思维,提供信息服务帮助,培育产业富民新动能。随着互联网技术的飞速发展,"互联网＋"已成为推动各行各业创新发展的新引擎。在这一背景下,工会组织也应积极运用互联网＋思维,通过构建在线信息服务平台,为农民工人提供及时准确的市场信息、行业动态、政策法规等,帮助他们把握市场机会,做出正确的决策;通过建立在线招聘网站、微信公众号、移动应用程序等渠道,为广大农民工人提供全方位的信息服务,助力他们转型升级。此外,为提高农民工人的专业技能水平和培养他们的创新能力和创业精神,通过互联网平台为农民工人提供在线学习和培训资源,利用网络课程、视频教学、在线讲座等多种形式,帮助农民工人随时随地学习新知识、掌握新技能。二是支持外出务工人员和有志于创业的留守农民,通过创业带动就业,提升农村内生发展动力。针对广大务工人员和有创业意愿的留守农民,工会应积极扶持,以创业带动就业,进而增强农村的"造血"功能。工会可以通过多种方式为务工人员和留守农民提供创业支持:协助政府制定和实施针对这一群体的创业扶持政策,如税收减免、创业补贴、低息贷款

---

① 中共中央党史和文献研究院编:《习近平关于"三农"工作论述摘编》,中央文献出版社2019年版,第150页。

等，降低他们的创业门槛；组织创业培训班、工作坊、研讨会等活动，传授创业知识、管理技能和市场营销策略，提升务工人员和留守农民的创业创新能力；与政府、企业以及社会组织合作，建立创业孵化基地、创新创业园区等平台，为创业者提供办公空间、生产设备、技术支持等资源。三是实施技能提升行动，提高劳动生产率。针对乡村地区劳动力技能水平不高、劳动生产率相对较低的问题，工会应积极行动起来，通过多种途径为农民提供帮助和支持：联合各类培训机构和职业教育学校，开展面向农民的，涵盖农业种植、养殖技术、农产品加工以及现代农业机械操作等多个领域的技能培训课程，提升他们的就业能力和致富本领；大力开展乡村振兴产业职工技能培训，依托"工友创业园""农民工培训基地"等平台，创新产教融合、校企合作技能培训新模式，组织农民工熟练掌握需要技能、快速提升岗位技能，并孵化出一支懂经营、会管理、敢创新的新型农民工创业人才队伍；积极推动农业现代化进程，引导农民采用先进的生产技术和管理模式，组织农民参加各类农业展览和交流活动，拓宽他们的视野和思路。

加强劳模引领，深入激发先进典型的辐射带动作用。劳动模范通常是在各自领域取得显著成就的人物，他们的敬业精神、创新能力和卓越贡献能够激励和鼓舞周围的人，他们的行为和成就可以成为乡村人才的榜样，引导乡村人才学习先进的技能和管理经验。为此，工会应充分发挥其职能优势，在宣传引导、典型培树、劳模引领等方面发挥积极作用：一是加强宣传宣讲。组建劳模工匠宣讲队

第三章 人才振兴与工会工作

深入企业车间、项目工地、乡镇村社,广泛开展党的二十大精神系列专题宣讲,劳模工匠以自己的亲身经历和实践经验为基础,涵盖政治理论、政策法规、业务技能等多个领域,帮助乡村职工全面深入地理解和贯彻党的二十大精神,同时注重与实际工作的结合,针对涉农领域的具体问题进行分析和解答,提高乡村职工的业务水平和综合素质,为广大乡村职工提供学习交流的平台。二是实施典型培树行动。通过树立和宣传先进典型,发挥其示范引领作用,从而推动乡村振兴和人才培养工作的深入开展。选树一批在乡村振兴和涉农领域工作中表现突出、事迹感人的先进典型,包括敢为人先、技艺精湛的乡土人才、致富带头人培养选树为劳动模范和乡村工匠等,通过典型引路,带动乡村人才多向发力,协同推进乡村振兴;同时成立劳模工匠宣讲团,积极组织各级劳模、工匠先进代表深入涉农企业和村(社区)开展先进事迹宣讲活动,大力弘扬劳模精神、劳动精神和工匠精神,营造乡村上下尊重劳动、热爱劳动、创造劳动的良好氛围;充分挖掘乡村振兴实践中的好经验、好做法、好典型,示范带动更多"土专家"、乡村工匠、电商人才等各类实用人才投身于乡村建设,激发广大乡村人才的奋斗精神和创新活力,推动乡村振兴事业的发展。三是加强劳模引领。为了充分发挥劳动模范在推动高质量发展中的引领作用,加强劳模的示范带动效应,各级工会可以和农业部门联合,组织农业、林业、畜牧等行业方面的技术专家型劳模先进人物,深入基层一线开展面向农民和农业企业开展系列的实用技术培训和创业辅导活动;采取现场教学、互动交流和问题解答等多种形式，将先进的种植技术、养殖方法和经营管理知识传授给农民和农业企业家；建立乡村劳模工作室、乡村劳模创新团队等平台，让劳模能够在工作中发挥专长，同时吸引和带领更多劳动者参与到技术创新和管理改进中来，把先进模范代表的优势服务转化为推动高质量发展动能。

大力培育乡村工匠，挖掘优秀本土人才。乡村工匠不仅是传统技艺的传承者，也是乡村产业发展的重要推动者；优秀本土人才不仅具备丰富的本土经验和知识，还能为乡村带来新的发展思路和创新方法。一是探索建立乡村工匠培训体系。在乡村地区开展针对性的职业教育和技能培训，将传统工艺与现代技术相结合，提高本土人才的技术水平和创新能力；通过建立职业学校、技能培训班等平台，让有意愿从事手工艺、农业技术、乡村建设等领域工作的青年能够接受专业培训，掌握必要的技术和知识；同时，鼓励和支持职业院校与乡村企业合作，为学生提供实习实训机会，使他们能够在实践中学习和成长。二是完善乡村高技能人才职业技能等级制度。定期发布乡村技能人才评价指导目录，开展面向现代农民、乡村手工业者、传统艺人等的技能等级评价；统筹组织实施乡村技能人才技能等级认定工作，各地可根据实际情况，通过考核认定、考评结合、以赛代评、以项目代评等方式组织评价，对有突出贡献人员可破格评定相应技能等级，对取得相应职业（工种）职业资格证书或职业技能等级证书的，给予一定职业培训补贴。[1] 三是举办乡村振兴人

---

[1] 刘艳霞：《乡村振兴背景下农村社会工作人才队伍建设研究》，《人民论坛·学术前沿》2023年第15期。

第三章 人才振兴与工会工作

才技能大赛。鼓励各地举办各类乡村振兴职业技能大赛，鼓励各级政府对优秀项目给予适当资金支持，同时，对示范效果好的，省财政将以奖补形式给予适当补助；通过举办各类技能大赛、创新创业比赛等活动，发现具有潜力的乡村工匠和创新型人才；对于表现突出的人，应当给予物质奖励和政策扶持，如提供创业资金支持、税收优惠、市场推广等帮助，鼓励他们将自己的技艺和创意转化为实际的产品和服务，带动乡村经济的发展。四是注重乡村工匠的文化素养提升和社会责任感培养。通过组织文化交流活动、非物质文化遗产传承等方式，增强他们的文化自信和自豪感，引导他们在保持传统工艺特色的同时，不断创新和发展。同时，鼓励乡村工匠参与社区服务和公益活动，提升他们的社会责任感和集体荣誉感。

实施正向激励行动，强化人才权益维护。一是强化工会职能服务乡村振兴的力度，多措并举，正向激励广大干部职工在乡村振兴中积极作为：对驻村工作队员、因公受伤驻村工作队员和因公身故驻村工作队员家属等走访慰问；在农民丰收节到来之际，慰问农民工代表，发放被子、被套、毛毯等慰问品；组织乡镇先进工作者、驻村工作队员、新就业形态劳动者等职工到工人疗养院参与职工疗休养活动，切实将工会组织的温暖送到奋战在乡村振兴一线职工的心坎上；最大限度扩大医疗互助的普惠范围，动员乡镇村社区干部、农民工、新就业形态群体积极加入工会组织，并按照标准给予补助，让更多农民工和新就业形态劳动者搭上"工会号"列车，享受"工惠牌"福利。二是强化人才权益维护：扎实推进乡镇工会服务阵地建设，针对不同乡镇用工规模和用工情况，依托法律援助中心开展法律宣传、法律援助等工作；建立健全乡村人才维权机制，明确维权流程、渠道和方式，确保乡村人才在遇到问题时能够及时、有效地维护自身权益，与政府部门沟通协作，共同推进乡村人才权益维护工作，促进乡村人才的全面发展；组织工会干部深入一线，开展形式多样的农民工学法用法、法治宣传活动，重点讲解劳动合同、工资支付、工伤保险等与农民工息息相关的常用法律法规和政策，引导职工和村民知法、懂法、守法、用法，助力构建和谐法治乡村。

【知识链接】

实施高素质农民培育计划，筑牢农业强国人才根基

强国必先强农，强农必先育才，其中最重要的任务就是要培育大量"有文化、爱农村、懂农业、精技术、善经营、会管理"的高素质农民。

锚定多类群体，分类培育。分类培育高素质生产型农民、高素质技术服务型农民、高素质经营管理型农民、高素质社会治理型农民。

聚合多元主体，协作培育。发挥政府引导作用，做好培育方向、培育政策、培育方案、培育过程引导；提升机构教导作用，发挥农业广播电视学校主阵地作用；强化企业主导作用，提升培育情境性、培育针对性和培育实效性。

聚焦高质高标，定制内容。高素质农民培育菜单设计要围绕"高"字展开，力求实现思想水平高、生

第三章　人才振兴与工会工作

产技术高、管理能力强、商业智慧高。

围绕能力提升，推进三大融合。以乡村创业号召为指引，推行"专创"融合；以延链补链固链强链为目标，推动"产教"融合；以数字乡村建设为契机，加快"数教"融合。

培育高素质农民，要建好"基础设施"，为农民提供增强技能、提升本领的必要条件。针对农村教育科技资源缺乏，农民对各种专业知识技能缺少认知和获取渠道的情况，各地各部门要通过开展各种专业培训项目，从文化、技术、经营、管理等方面满足农民的不同需要，使更多农民从中获益，尝到甜头，从"要我学"到"我要学"，为乡村振兴进一步夯实人才基础。

培育高素质农民，要搭好"演出舞台"，为农民提供施展技能、贡献才智的良好环境。在构建现代农业产业体系，壮大特色优势产业，发展乡村特色文化产业的过程当中，要充分调动农民的积极性，鼓励农民投身参与，把干劲融入实干，在实践中进一步提升自身。

培育高素质农民，要注意"引进外援"，让更多返乡创业的青年和有意愿的社会人士、企业家，投身到乡村振兴事业的火热大潮中。一方面通过改善人口组成，提升有农村高素质人群的比例；另一方面在人才交流中，带动农民更加主动地学习技能、开拓视野、增长才干，形成相互促进。

（资料来源：根据《光明日报》、人民网刊登文章综合整理）

二 工会组织助力人才振兴的主要举措与实践案例

工会组织在助力乡村人才振兴方面具有天然的优势，在人才发展的多个关键环节都可发挥不可替代的重要作用，全国各地各级各类工会将自身工作与乡村人才发展相结合，通过技能培训、求学圆梦行动、加强校地合作、打造工匠人才等多种形式，不断探索助力乡村人才振兴的新路径，造就了一批高水平、高素质、专业化的乡村人才，为深入推进乡村振兴提供了坚实的人才支撑。

（一）提供技能培训和教育支持

工会通过组织各类技能培训、职业教育和成人教育项目，帮助乡村居民提升技能水平、就业能力和职业素养。这些培训项目覆盖农业技术、现代制造业、服务业等各个领域，旨在培养适应乡村产业发展需求的高素质劳动者和技术技能人才。一方面，各级工会组织在农村地区开展一系列技能培训项目，涵盖农业、养殖、手工艺等多个领域，帮助农村居民掌握现代农业技术、提高农产品附加值，从而增加收入，特别一些针对农村妇女的项目，如家政服务、手工编织等，可以帮助她们发挥自己的特长，实现经济独立。另一方面，为了培养农村地区的技术人才，各级工会组织还与当地职业院校合作，开展职业教育培训。这些培训项目为农村青年提供了学习专业知识和技能的机会，帮助他们顺利进入职场，同时这些项目还注重培养学员的创新能力和创业精神，鼓励他们回到家乡，为乡村振兴贡献自己的力量。此外，为了提高农村居民的文化素质和综合素养，各级工会组织还在农村地区开展了成人教育项目，这些项目包括扫盲教育、文化补习、计算机操作等，帮助农村居民适应现代社会的发展需求。

云南省西双版纳州勐腊县总工会组织开展的电焊工职业技能培训采取联合办学的形式，由昆明深蓝职业培训学校提供教学服务，采取理论加实操方式进行，培训结束后采取统一考试，成绩合格的学员颁发相关资格证书。培训不仅让学员掌握相应的操作技能，还培养乡村人才职业道德素养，推进了乡村人才队伍建设。

山东临沂郯城县总工会筹划组织以"培训提升就业创业能力，助力乡村振兴发展"为主题的系列培训活动，第一期农民育婴员培训班吸引了70余名农民工参加。培训班由县总工会制订培训方案，在县人社局的协助支持下，选择委托实力强的培训机构，聘请品德好、业务精的专业技术老师进行授课，最后由职业技能鉴定部门对参加职业技能培训的人员进行考试，成绩合格者颁发《职业资格证书》，力求让她们通过培训学到真本领、掌握真技术。

安徽省合肥市总工会举办农村劳动者"提素质、强技能"培训会，以精细化、深入化、针对性为原则，制订专项培训计划，实施精准培训。2023年3月举办的培训会主要针对种植专业户，系统地培训了抖音平台的打造和电商直播方面的新媒体技能，开展葡萄休闲观光采摘园数字化、标准化、精品化栽培技术以及葡萄文化展示、农技中心、销售服务等现场教学课程，让学员受益匪浅。

四川省广元市旺苍县总工会针对茶农举办农民工技能培训班，60余名学员全部通过结业考试，顺利取得了结业证书。培训班由广元市金顺职业培训学校具有多年教学培训实践经验的老师授课，开设了茶叶栽培和茶叶采摘两大课程，特别在无公害茶叶标准化栽培技术上进行了系统讲解，使参训学员的学习更直观、更系统、更全面，切实提高了技能水平，让学员们成功成为乡村振兴建设中有文化、会经营、善管理的新型骨干茶农。

【经典案例】

山东威海市总工会：技能培训
打造乡村振兴"生力军"

山东威海市总工会聚焦农民工文化素质偏低、缺乏技能培训这一"痛点"，以农民工技能提升为着力点，从丰富培训内容、多元培训方式、技能与收入挂钩等方面，引领农民工走上转型升"技"之路，把他们打造成为助力乡村振兴的一支生力军。

培训内容灵活多样

在助力乡村振兴工作中，威海各级工会重点面向农民工、农村转移劳动力，开展灵活多样的技能培训：针对用工需求较大、短期培训效果明显的行业，开展面点制作、家政服务等短期灵活培训；针对新生代农民工开展软件工程、营养师、茶艺师、民宿管理等培训；针对年龄大、文化程度低的农民工开展经济作物种植与管理等培训，内容丰富的培训课程使农民工充分掌握培训自主权。

第三章 人才振兴与工会工作

"点单式"提升培训有效性

威海临港区工会按照农民工"缺什么补什么""需求什么培训什么"的原则,成立了"乡村振兴讲师团",深入田间开展"点单式"培训,先后举办了苹果剪枝、民宿经营管理、花饽饽制作、电商带货、植保无人机操作手等20余门培训课程,培训农民工2100余人次,"零距离""高效率"满足了农民工的各类技术需求。

技能收入双提升

围绕助力乡村振兴这一主题,威海各级工会广泛组织开展涉农工种技能比武,在涉及绿色农业、智慧农业、"互联网+"现代农业等领域开展技术创新,充分激发了广大职工(农民工)干事创业的热情和创新创造的活力。威海市健全培训机制,实行技能与收入相挂钩,随着技能等级的提升,农民工的收入也不断提升,职业荣誉感和幸福感也随之增强。

(资料来源:根据《大众日报》《工人日报》相关报道资料整理)

(二)"求学圆梦行动"提升农民工学历

自2016年开始实施的"求学圆梦行动"是由全国总工会和各级工会大力倡导、推进的学历与能力提升行动计划,帮助数以百万计的农民工、职工实现华丽转身。如今,"求学圆梦行动"已在全国各地落地生根,有效激发了广大农民工求学上进、岗位成才的热情,受益者以平均每年30万名的数量增长。据统计,各级工会投入资金

4.37亿元，截至2022年12月底，全国工会共帮助超过210万名包括农民工在内的一线职工提升学历层次。

首先，形成常态化、机制化。在全总和教育部的大力推动下，针对农民工求学圆梦的机制逐渐建立和完善，包括建立择优录取和企业推荐相结合的公开遴选机制、院校与企业联合开发课程机制、参与院校与企业共同研制工学结合人才培养方案和多元化的农民工继续教育质量保障体系等。各级工会出台学历提升补助激励办法，以制度形式确保农民工学历提升补助资金。

其次，加强资源整合。全总、教育部推动国家开放大学等高校、企业优化与岗位直接对接的专业课程，探索建立网络教学与面授教学、自主学习与协作学习等混合式教学模式。各省（自治区、直辖市）积极整合政府部门、工会组织、高等院校等资源，建立学历与非学历教育并重，产教融合、校企合作、工学结合的继续教育模式。

再次，争取资金支持。全总宣传教育部和教育部职成司作为落实这项工作的职能部门，从源头上争取政策和资金扶持，推动财政部下发有关文件，将企业职工教育经费的提取比例由原来的1.5%—2.5%范围扩大到1.5%—8.0%，准予税前扣除，增加企业职工教育经费投入，全总还坚持每年投入1000万元"求学圆梦行动"专项扶持资金。

最后，积极创新模式。为了更好地激发职工学习的内生动力，为职工提供更便捷的学习渠道，全总和各级工会积极创新模式，主动借助新媒体平台，建立网络课程、视频公开课、微课等多种类型的学习资源库，开启"云端"

第三章 人才振兴与工会工作

课程时代。

【经典案例】
福建省总工会："求学圆梦"智力赋能农民工成长成才

2017年，福建省总工会、教育厅联合福建开放大学启动了福建省农民工"求学圆梦行动"，为全省农民工开启了素质提升的绿色通道。

为做好学员服务，福建省总工会、福建省教育厅依托福建开放大学成立管理和服务团队，主动加强项目的覆盖推广，结合实际出台配套政策，形成教育行政部门、工会组织、参与高校、农民工学员之间的良性互动，搭建了福建省农民工"求学圆梦行动"公共服务平台，2019年率先出台了全国首部农民工"求学圆梦行动"工作管理办法，为福建省农民工"求学圆梦行动"规范运行提供了制度保障。

在福建省总工会、教育厅的积极推动下，承办高校精准对接行业企业技能岗位需求，共同制订人才培养方案、专业教学计划和课程体系，在移动学习、微课推送、课堂直播、送教上门以及校企互动实训方面作了新探索，先后在宁德时代新能源等企业组织送学上门服务，助力千亿产业集群发展。

在福建省农民工"求学圆梦行动"成功实践的基础上，2022年12月，福建省"学习圆梦"素质提升行动应运而生，福建省财政厅、农业农村厅加盟助力，进一步完善学历与技能培训的农民、农民工和职工继续教育制度。福建省总工会于2022年开设劳模

（工匠）本科班，2023年开设新就业形态劳动者本专科班，学费由省总工会承担，设置融通课程和证书课程，对学员已获得的职业培训合格证书、获奖证书、劳动技能、非学历证书等成果进行认定，通过学分银行可将已取得成果转换为相应学历教育课程学分，实现学员短期培训、职业培训和职业教育衔接贯通，形成可复制推广的学历与非学历融通人才培养模式，为数字经济时代智力赋能提供强有力的支撑。

"求学圆梦行动"开展以来，福建24所高校积极配合，受益学员超6.6万多人，截至2023年5月，专项补助经费累计发放超1.1亿元，福建省农民工"求学圆梦行动"经历6年的实践探索取得丰硕成果。

（资料来源：摘自《工人日报》2023年6月14日第7版刊登文章《亿万职工的"梦想加油站"》）

（三）推动加强校地合作

校地合作是工会推动人才培养的重要途径之一。高校和职业院校拥有丰富的教育资源，而企业和社会组织则具有实践经验和技术优势，通过推动加强校地合作，可以实现资源共享、优势互补，促进产学研用一体化发展，更加有利于提高人才培养质量。近年来，全国各地工会在推动建立人才培养合作与交流机制方面取得了显著成果，通过加强乡村与高校、职业院校等教育机构的合作，提高劳动者的职业技能和文化素质，促进城乡、区域、校地之间的交流与合作等多种合作模式，为实现乡村人才振兴和城乡一体化发展注入新的活力。

第三章 人才振兴与工会工作

山东省临沂市工会在沂南县剑桥职业学校等12家社会培训机构打造市级农民工培训基地，组织家政服务业专项培训，累计培训家政服务人员和农民工1.8万余人次。

河南省教科文卫体工会利用高校人才优势，协助乡村招智引才。加大乡村教师教学能力培训力度，广泛开展教学经验交流；组织开展职工志愿支教活动，对乡村学校的人才培养方案制定、课程设置、教学理念、教育教学能力提升等方面给予指导帮助；鼓励教职工、校友、毕业生到乡村领办、创办企业，为本地创业者、技术人员提供技术培训及指导。

江苏常州洛阳镇总工会为进一步深化校企合作、加强院校与企业联系，举办"校企合作 互助共赢"专场对接洽谈会，常州大学及洛阳镇7家化工企业参加，进一步增进了政企校三方的互动交流，更好地为乡镇企业输送人才、提供智力支撑，同时也推动院校人才培养，服务乡村振兴和地方经济发展。

内蒙古自治区教科文卫体工会积极搭建校地合作桥梁，组织内蒙古农业大学乡村振兴研究院及农大种养殖领域的专家教授深入农村合作社及养殖大户进行技术指导、举办知识讲座，推动内蒙古农业大学乡村振兴研究院与科右前旗红旗村达成建立乡村振兴服务点的意向，为当地农牧民群众常态化提供线上和线下指导服务。

【经典案例】
吉林省长春市：打造乡村工匠学院

2023年6月，吉林省长春市总工会与吉林农业大学联合成立长春乡村工匠学院，大力发展面向乡村振兴的职业教育，深化会校企合作，培养乡村工匠人才，为加快全市农业农村现代化提供有力人才支撑。长春市总工会以乡村工匠学院建设为载体和平台，充分利用教育资源，确立"三主五化五式"工作主线。

"三主五化五式"工作主线即紧紧围绕种植业、畜牧业、农产品加工三大农业主导产业，面向设施化、园区化、融合化、绿色化、数字化发展方向，建立五种乡村工匠培育模式：一是短期培训班，针对实用需求和单项技能开展实训；二是中长期培训班，采用集中培训和送培进乡相结合的方式，系统性地针对乡村产业需要，提供全过程的知识更新与实操训练；三是建立技艺名师工作室，孵化培育技术骨干，带动农业农村现代生产技术传承发展；四是职业技能提升班，与人社部门共同研究推进涉农职业工种的技能等级认定；五是学历提升班，针对有学历提升需求的农企职工制订教学计划，实施远程网络学习加线下集中实训相结合的方式培养。

长春市总工会计划通过三年建设，构建起产教融合的"三农"育人机制，培养造就一批执着专注、技艺精湛、追求卓越、勇于创新的工匠型乡村技能人才队伍和农工巧匠。

（资料来源：根据《工人日报》2023年6月30日第6版刊登文章《长春乡村工匠学院揭牌》整理）

（四）打造工匠型人才

工会弘扬精益求精的"工匠"精神，鼓励乡村职工追求卓越品质，提高产品竞争力，同时通过开展技能竞赛、评选表彰等活动，树立行业标杆和榜样，激励更多的乡村职工努力提升自己的技能水平和职业素养，成为乡村工匠型人才。

培育各行各业"乡村工匠"

浙江湖州市实施乡村工匠培育工程，加强乡土技能人才队伍建设，重点围绕乡村旅游讲解员、农村种养能手、农村规划建设人才、农村文体协管员、传统手工艺者、非遗传承人等挖掘培养，探索建立工匠能手认定发证制度，支持组建技能大师工作室，培养传统技艺文化传承人，打造一批吴兴名点师、南浔渔技师、德清钢琴匠师、长兴紫砂名师、安吉茶艺师以及湖羊繁育师、湖笔制作师、湖州绣娘等湖州特色工匠品牌。

广东紫金县镇村工联会深入推进"学工匠、提素质、立新功"活动，不断在培育乡村工匠人才尤其是"五匠"人才（乡村茶业工匠、建筑工匠、清洁工匠、护林工匠和养护工匠）等方面持续发力。

江苏扬州市总工会加强劳模创新工作室建设，成立一批农业农村领域劳模创新工作室，发挥劳模工匠在产业引领、技术指导、吸纳就业、带动创业方面的示范带动作用。借助"劳模工匠进校园""融媒轻骑兵采访""劳模事迹宣讲"等活动载体，充分挖掘和宣传乡村劳模先进振兴乡村的生动事迹，鼓励更多大学毕业生、青年职工等各类实用人才投身乡村、建设乡村。依托工匠学院、产业工人学院，面向农民工提供种植、养殖等农业实用技能培训、技能鉴定等服务。组织农村致富带头人、种植养殖大户、返乡创业青年等开展"传帮带""师带徒"活动，打造一批能够带动乡村产业发展的技术人才队伍。

湖南省总工会、省住建厅联合印发通知，组织开展乡村建设工匠培训"送教下乡"活动，安排资金500万元，计划在全省范围内举办培训100个班次，免费培训乡村建设工匠8000名。截至2023年3月底，已组织培训52期，培训学员8126人。湖南各地以职业技能培训、农民工夜校等多种形式开展乡村建设工匠培训，参训学员统一进行考核，考核合格的颁发《湖南省乡村建设工匠培训合格证书》，同步录入农村房屋安全隐患排查整治信息平台，建立信用档案，纳入规范管理，培育了一批懂专业技术、懂组织管理、懂法律法规的带头工匠。此外，湖南各地创新培训形式，确保乡村建设工匠培训管理工作落实落细。比如，衡南县在一般培训课程基础上，增强工程项目管理、施工安全、相关法律法规等内容，进一步强化"工匠责任制"；溆浦县建立小班培训机制，研究制定对乡村建设工匠实行动态和诚信管理办法；汝城县针对传统村落的保护和利用，专门设置《传统建筑》课程，进一步提高传统村落乡村工匠技能和水平。

选拔乡村技术能手

通过举办各类技能竞赛，可以选拔出乡村各行各业的技术能手；同时，以赛促训、以赛促练，农民通过比赛不断提高技能水平，还可以在比赛中充分展示自己的技能成

第三章 人才振兴与工会工作

果,获得社会认可的同时也增强了他们的自信心,激发创新创业的热情。工会组织作为乡村技能竞赛的组织者和策划者,具有自身独特的优势,在组织实施赛事的同时,还可以邀请专业技术人员担任竞赛的技术指导,为农民提供专业的技能培训和指导;同时,发挥桥梁和纽带作用,积极争取政府、企业等各方面的资金支持,为乡村技能竞赛提供充足的资金保障。

云南省宜良县总工会积极开展"七十二行大练兵·三百六十行出状元"技能竞赛,每年举办宝洪茶制作、编织袋包装、鲜切花、育婴师、电工焊工、家政服务员、插花等10余场技能竞赛,参加农民工达3000多人次,为促进宜良县农业产业兴旺发展,壮大乡村产业贡献工会力量。

响应湖南"十行状元、百优工匠"技能竞赛号召,湖南省各地市举办叉车工、汽车维修、快递打包、数控加工中心、模具钳工、焊工、编程员等一系列乡村工匠技能比赛,挖掘培育更多高素质的能工巧匠和实用型人才,使学习工匠、崇尚技能、追求卓越在湖南蔚然成风。

贵州省黔西市总工会启动"好生活在水西"百名乡村美厨大赛,通过技能比赛的形式挖掘黔西市特色美食,以"农家乐"发展推动乡村特色旅游发展。首届大赛评选出100名乡村美厨并颁发荣誉奖牌、"毕节工匠"或"黔西工匠"证书和奖品。

山东荣成市总工会以职业农民、农业产业工人队伍为主体,依托果蔬林茶技术、田间种植技术、农业机械操作、农业产品加工以及新兴农业行业等领域,组织开展了系列荣成市乡村振兴农业技能竞赛活动。获得各赛区单项第一名的选手,将由荣成市总工会授予"农业技能之星"称号,并优先推荐参评"荣成市最美一线职工""荣成市乡村人才振兴首席专家",表现特别突出的还将推荐参选"荣成工匠"。

完善人才评价机制

乡土人才面广量大,他们奔走在田间地头,活跃在各行各业,是助力乡村振兴大业中的"乡村工匠"。过去,许多乡土人才长期就职于某一个特定领域,能力水平和成绩或许在内部能得到认可,但跨行业、跨领域交流时,尤其在传授乡间地头、农产方面的经验时,缺乏统一的参考标准和评价机制,容易造成用人单位和人才双方信息不对等。为此,江苏省镇江市总工会与市人社局积极探索,借助工会之力推动职称评审,寻求解决乡土人才申报专业职称通道不通畅的困境,建立了乡土人才职称评价制度,健全了乡土人才培养机制,拓宽了乡土人才的职业发展空间,同时会同市人社局等单位不断完善乡土人才的职称评选制度,把更多的乡土人才升级为"持证上岗"的高层次人才,为镇江市乡村振兴提供人才支撑。

山东威海各级工会广泛组织开展涉农工种劳动竞赛、技能比武,各类技能竞赛各工种第1名的选手,均由威海市总工会授予"威海市金牌职工"称号,纳入"威海工匠"评选后备人选,并推荐申报"威海市技术能手"称号;涌现出的优秀选手,将破格晋升技术等级,实现职业技能等级连级跳。

广东省中山市横栏镇花木行业工联会与人社部门建立沟通协商行业人才培育机制,打好典型领军人才"宣传

第三章　人才振兴与工会工作

牌",弘扬横栏花木行业劳模工匠人才先进事迹,推广绝技、绝活。通过沟通协商综合素质提升机制,推动横栏镇花木协会成为广东省2021年第一批职业技能等级认定社会培训评价组织,并广泛组织开展园林绿化工、农业经理人等技能培训、等级评价工作。

宁夏银川市总工会劳模工匠评选注重向农村一线专业技术人员和农民(农民工)倾斜,积极推选农村优秀人才参与全国、自治区、银川市三级劳模、五一劳动奖章、塞上工匠评选,大力选树为乡村振兴做出突出贡献的先进典型。5年来选树全国、自治区、银川市三级农民(农民工)劳模、各类先进典型62人。此外,市总工会还组建了劳模宣讲团,组织各级劳模、农业专家深入农业企业、乡(镇)、村开展农业新技术主题宣讲,助力农技人才培养。

【经典案例】

浙江杭州:培养能工巧匠,认定"乡村工匠"

2023年起,国家启动实施乡村工匠"双百双千"培育工程,浙江杭州临平区总工会先行先试,在全区从事现代种植业、现代养殖业、农产品加工业、传统工艺和乡村手工业等相关领域的技能人才和经营主体中推荐认定首批临平乡村工匠和乡村工匠示范基地。

2023年8月,聚焦临平区农业特色主导产业、特色品牌、传统技艺、乡村新业态,评选认定了首届"临平乡村工匠"30名;围绕高效生态农业、乡村共富工坊等,评选认定了11个"乡村工匠示范基地"。此次被认定的临平乡村工匠,除了传统手工艺者,还出现了乡村职业经理人、农场主等许多"新面孔",通过"乡村工匠"认定,让一批"土专家""田秀才""乡创客"们崭露头角,也让全社会更多地关注和支持乡村人才、乡村产业。

杭州市在组织认定首届临平乡村工匠的同时,成立了全市首个乡村工匠联合工会,旨在通过挖掘培育、传承发展、提升壮大一批乡村工匠,激发广大乡村手工业者、传统手艺人、农村新业态人才蕴藏的强大能量,带动乡村特色产业发展,促进农民增收致富,努力构建靠产业吸引人才,靠人才带动产业的正向循环。

(资料来源:根据杭州工会网相关报道整理)

【经典案例】

云南楚雄双柏县:开启助力乡村人才振兴"工会模式"

近年来,云南省楚雄州双柏县总工会坚持抓点带面,统筹推进,通过大力实施技能提升行动、典型培树行动和正向激励行动,开启了助力乡村人才振兴的"工会模式"。

技能提升奠定人才基础

自 2022 年以来,双柏县总工会通过公开招投标的方式,委托第三方职业培训学校深入村(社区)开展家政服务、茶艺师、育婴师培训 4 场次,一批农民群众通过有针对性和专业化的培训,成为有一技之长和具备一定文化素养的新型农民,同时积极与人社部门联合开展"春风送岗"行动,举办就业招聘会 6 场

第三章　人才振兴与工会工作

次，20余家省内外知名企业为求职者提供就业岗位1000多个，一批农村富余劳动力外出务工学技术、学经验，为下一步返乡创业、振兴乡村奠定了人才基础。

典型培树发挥榜样作用

双柏县总工会深入发挥先进典型的辐射带动作用，紧紧围绕双柏县乡村振兴工作大局，大力开展基层先进工作者、农村劳动模范和"虎乡工匠"的培养选树工作，把在乡村振兴主战场中兢兢业业、事迹突出的驻村工作队员、乡镇基层干部培养选树为先进工作者；把敢为人先、技艺精湛的乡土人才、致富带头人培养选树为劳动模范和"虎乡工匠"，通过典型引路，带动乡村人才多向发力，协同推进乡村振兴。同时，成立劳模工匠宣讲团，积极组织各级劳模、工匠先进代表深入涉农企业和村（社区）开展先进事迹宣讲活动，大力弘扬劳模精神、劳动精神和工匠精神，营造乡村上下尊重劳动、热爱劳动、创造劳动的良好氛围。

"工惠"送温暖强化正向激励

双柏县总工会动员乡镇村社区干部、农民工、新就业形态群体积极加入工会组织，最大限度扩大医疗互助的普惠范围，对参加职工医疗互助活动的工会组织按每人20元的标准给予补助，让更多农民工和新就业形态劳动者搭上"工会号"列车，享受"工惠牌"福利；多次组织乡镇先进工作者、驻村工作队员、新就业形态劳动者等职工到云南省工人疗养院参与职工疗休养活动，切实将工会组织的温暖送到奋战在乡村振兴一线职工的心坎儿上。

(资料来源：根据中国商报网 2023 年 3 月 25 日刊登文章《云南双柏县总工会开启助力乡村人才振兴"工会模式"》整理)

【经典案例】

山东安丘："工友创业联盟"培育高质量乡村人才

山东省安丘市作为"世界菜篮子"，农产品出口 80 多个国家和地区，出口额占全省的 1/7，优质农产品基地品牌价值高达 216 亿元，外贸出口数字化转型覆盖率达 40% 以上。为更好地助力乡村振兴，加大服务职工的工作力度，安丘市总工会依托中国农创港跨境电商产业园，成立安丘市工友农创联盟，更大力度搭建素质提升、技能比武、工匠培育等各类赋能载体，锻造知识型、技能型、创新型、复合型的高技能职工队伍，为安丘农业产业数字化转型升级提供了坚实的人才储备。

创新赋能育人才

依托工友农创联盟，在农创港跨境电商产业园建立安丘市职工创新创业孵化中心，通过构建"就业服务+创业孵化+学历提升+职业技能培训"四位一体的职工赋能体系，年培训专业人才 1100 余人次，为企业输送数字化人才 200 余名。

技术比武锻人才

依托工友农创联盟，定期组织农业企业职工参与各类劳动竞赛、技术比武等职工赋能活动。此外，产

第三章 人才振兴与工会工作

业园还十分重视职工参与创新创效，特别是在平台功能研发、海外推广运营、外综服务体系、供应链金融业务等方面强化业务创新能力比拼。园区职工多次参加省市创新创业大赛并取得佳绩，产业园也被评为省级跨境电商产业园和省级跨境电商平台，并荣获潍坊国家农综区创新成果二等奖。

高校合作储人才

为打造高素质的"媒体＋直播＋电商"工匠人才队伍，借助工友农创联盟这一平台，联合跨境电商产业园，与潍坊职业学院等单位合作，围绕新媒体农村电商运营流程、拍摄与后期制作技术、各平台电商直播技巧等内容，培育直播电商行业工会联合会会员、农业农村电商会员及电商直播灵活就业会员等1000余人次。

如今，通过"工友创业联盟"，一批批数字经济优秀人才脱颖而出，大家正在用自己掌握的技能，在数字化农业产业领域大显身手、积极作为，为安丘外贸高质量高速度发展、推动乡村振兴不断注入新的动能，实现新的跨越。

（资料来源：根据《潍坊日报》、中工网相关报道资料整理）

【经典案例】

山东乐陵："工农联盟之家"激活一线农业科研

山东省乐陵市是农业大市，近年来，该市以健康食品为主线，规划建设了农业科技园区。2023年3

月，乐陵市总工会指导成立了乐陵市农高区管理服务中心工会和德州国家农业科技园区工会，在园区创建了德州市级"工农联盟之家"示范点，形成工农互促、城乡互补、协调发展的局面。

德州国家农业科技园区工会厚植引才、留才沃土，通过建设人才公寓、完善职工餐厅和举办丰富多彩的活动等举措吸引和留住人才。通过建设科技园区研究生工作站、实践创新基地、健康食品产业创新创业共同体等方式，为企业聚集专家教授、科研人员。

乐陵市总工会依托工人文化宫主阵地，举办系列青年联谊会。园区工会依托"工农联盟之家"阵地，邀请农业专家为园区职工开展"马铃薯科技创新助力乡村振兴提质增效"等科普知识讲座，并为职工建起职工书屋；依托山东省健康食品科普工作室，为职工提供健康食品知识科普服务。

一系列实打实的举措，激发了园区职工立足岗位干好工作的热情和干劲。科技园区的产业研究院梳理确定了19项食品领域攻关课题，新发表SCI学术论文5篇，新发布团体标准3项，新培育食品类型企业117家、国家科技型中小企业27家，成员单位项目获批市级以上科技奖项15项。

(资料来源：根据《工人日报》2023年11月22日第1版刊登文章《"工农联盟之家"让一线农业科研留得住、产得出》整理)

第四章

文化振兴与工会工作

文化振兴是衡量一个国家、一个民族发展进步的重要标准，它对于提高国家的综合实力、促进经济发展、丰富人民精神文化生活、增强民族凝聚力和创造力具有举足轻重的意义。党的二十大报告明确提出，中国式现代化是物质文明和精神文明相协调的现代化，并强调要深化工会、共青团、妇联等群团组织改革和建设，有效发挥桥梁纽带作用。[①] 作为党领导的工人阶级群众组织，工会充分认识到自身所肩负的政治责任，发挥自身优势，积极参与乡村文化振兴建设，在提升职工群众文化素质、引导职工群众坚定文化自信、丰富职工群众精神文化生活、维护职工合法权益、推动文化产业发展等方面都发挥着重要的作用，为推动社会主义文化繁荣做出了积极的贡献。

[①] 习近平：《高举中国特色社会主义伟大旗帜　为全面建设社会主义现代化国家而团结奋斗——在中国共产党二十次全国人民代表大会上的报告》，人民出版社2022年版，第22、38页。

一 文化振兴是乡村振兴的精神根基

乡村振兴，文化先行。乡村文化振兴是当前中国经济社会发展的重要战略，是全面实现建成小康社会、全面建设社会主义现代化强国的重要支撑，是新时代做好乡村精神文明建设的总抓手。

(一) 文化振兴是乡村全面振兴的精神动力

实现乡村文化振兴，首先需要理解什么是文化，什么是乡村文化，振兴怎样的乡村文化，这也是乡村文化振兴的价值内涵。

文化是一个内涵丰富的概念。从广义上讲，文化是指各种器物、风俗、习惯、语言、宗教、政治、经济等物质和精神的综合体，涵盖了价值观念、道德规范、社会习俗、知识体系、娱乐方式以及物质文化等多个方面；而狭义的文化则是基于经济基础之上的意识形态总体，主要聚焦于知识、娱乐等领域，深植于价值观念、道德规范和社会习俗等思想元素之中。总的来说，文化属于一种观念形态，对人的精神世界和社会发展产生深远的影响。它不仅能够提升人们的认知水平，形成紧密相连的精神纽带；还能够凝聚人心，通过共同参与文化活动来消除困境，为生活赋予意义、价值和快乐。[①] 此外，文化还代表着一个国

[①] 徐勇：《乡村文化振兴与文化供给侧改革》，《东南学术》2018年第5期。

家的软实力,决定着群众的精神风貌和价值追求。

乡村文化是指以固定的社会生产生活方式为前提,以农民群众为主体,在乡村社区范围内形成的文化形态,反映着农民群体的价值观念、生活方式、文化素养和交往形式等。乡村文化又被表述为小传统文化和农民文化,具有乡土性、民间性、封闭性、相对静态性、多样性等特点。新时代乡村文化的基本内涵包括:一是对传统乡土文化中仍具有时代价值和生命力的文化因子进行挖掘、传承与弘扬;二是将中国传统伦理与中国特色社会主义核心价值观有机融合,塑造人的全面发展;三是在乡村文化建设中深化中国特色社会主义核心价值观的引领,构建现代乡土文化。[1]

中国自古就是一个农业大国,乡村是中国文明的发源地。中国文化本质上是乡村文化,正如梁漱溟所说,中国文化以乡村为本,以乡村为重,所以中国文化的根就是乡村。[2] 社会的农本价值系统为人们生活在农村提供了行为理据,使人们只有生活在乡村才能寻找到人生的终极目的和意义。费孝通将传统中国称为"乡土中国",他在《重读〈江村经济〉序言》中指出,"只从80%以上的中国人住在农村里这一事实,可以看到中国的基本社会结构和生活方式大部分还是等同于从农民的型式中发展出来的,因

---

[1] 范建华、秦会朵:《关于乡村文化振兴的若干思考》,《思想战线》2019年第4期。

[2] 中国文化书院学术委员会:《梁漱溟全集》第一卷,山东人民出版社2005年版,第612—613页。

之至少可以肯定研究中国文化应当从农村入手"。[1]

乡村文化不仅是中华文化之根,在现代化阶段也有着重要的现实意义。平衡现代性的冲击,传承创新优秀传统文化,保护物质文化遗产等都是乡村振兴的重要任务。优秀的乡村文化凝聚着中华民族最深层的思想智慧,维系着中华民族最深层的集体记忆。乡村文化是农民生活的意义与价值之源,缺乏认同则无自信,更谈不上复兴。它不仅是中华优秀传统文化的根脉,还是民族精神的源泉,为乡村群众提供精神养分。中国拥有数千年悠久的农业文明历史,其间孕育出了辉煌璀璨的农业文化成果。在漫长的农业文明时期,整个社会构筑在深厚的乡土基础之上,形成了以土地为依归的精神文化体系。无论人们的脚步迈向何方、地位达到何种高度,他们的"根"都永远扎在乡村的沃土中,而"魂"则永远飘荡在故乡的天空下。

乡村文化振兴,是指在实施乡村振兴战略中,坚持物质文明和精神文明一起抓,繁荣兴盛农村文化,培育文明乡风、良好家风、淳朴民风,改善农民精神风貌,不断提高乡村社会文明程度,焕发乡村文明新气象。[2]

党的十八大以来,中国农村公共文化建设进展显著,充分展现了乡村文化振兴的深厚力量。这一进展不仅丰富了村民的文化生活,也为乡村的全面振兴提供了强大的精

---

[1] 布·马林诺斯基:《〈江村经济〉序言》,载费孝通《江村经济》,商务印书馆2001年版,第325页。
[2] 王磊:《乡村文化振兴是乡村振兴铸魂工程》,中国文明网2018年7月5日。

神动力。各地乡村文化活动丰富活跃,展现出繁荣发展的蓬勃气象。比如,各地举办的"村BA""村超""村晚"等乡村文化体育活动,以及特色"村晚"和非遗展演等,不仅极大地丰富了村民的精神文化生活,还使村民在参与中感受到快乐,领略到乡村文化的魅力。这些绚丽绽放的乡村文化之花,不仅扮靓了村民的文化生活空间,也充实了他们对美好生活的信心。

一个民族的复兴,既需要强大的物质力量,也需要强大的精神力量。自2017年中央农村工作会议中首次提出要走中国特色社会主义乡村振兴道路以来,中国持续推进乡村振兴战略,在产业、人才、文化、生态、组织振兴等方面均取得了显著成果。乡村文化振兴作为乡村振兴战略的重要组成部分,可以说是乡村五大振兴的精神动力所在,是乡村振兴的出发点,是实施乡村振兴"五位一体"总体布局中的重要内容之一。乡村文化振兴正是通过提升村民的精神文化素养,激发他们的创新创造活力,从而为产业、人才、生态、组织振兴提供强大的精神动力、智力支持和良好的人文环境。

文化振兴有助于推动"产业兴旺"。在中国实施乡村振兴发展的过程中,产业兴旺被视为核心目标。而产业不仅是乡村振兴战略的基石,也是驱动乡村发展的原动力。只有产业蓬勃发展,农民的收入才能实现稳步增长。近年来,中国脱贫攻坚战取得了历史性的胜利,乡村产业呈现出蓬勃发展的态势,农民的收入日益提高,乡村环境发生了翻天覆地的变化。在此基础上,我们已经在物质文明建设方面取得了显著成果。然而,我们不能忽视精神文明的建设，这是乡村振兴的另一个重要方面。当前，中国农业的生产方式、组织方式和管理方式正在经历深刻的变革。在这个过程中，乡村文化作为一种宝贵的文化资源，正在逐渐成为乡村振兴的文化生产力。通过深入挖掘和巧妙利用乡村文化资源，我们不仅可以打造独具特色的文化产业，还可以为乡村产业振兴注入新的活力。

文化振兴有助于实现"人才聚集"。实施乡村振兴发展，人才支撑是重要保障。《中共中央 国务院关于实施乡村振兴战略的意见》强调，"实施乡村振兴战略，必须破解人才瓶颈制约，把人力资本开发放在首要位置，畅通智力、技术、管理下乡通道，造就更多乡土人才，聚天下人才而用之"。[1] 这一理念凸显了人才在乡村振兴中的关键地位，也为我们推进乡村振兴提供了明确的路径。人才是实施乡村振兴战略、推动高质量发展的核心引擎。在新时代的背景下，中国农村发展面临着诸多挑战，如产业结构调整、生态环境保护、农民增收等，这些挑战都需要有人才来破解。因此，推动乡村文化振兴，实施人才"外引内培"，可以盘活在地人才队伍，提升土专家田秀才等当地村民的科技文化水平和生产技能，培养造就更多喜爱农业、有技术、善于经营的新型职业农民，使他们成为乡村振兴的有力支撑；可以重建乡村文化自信，增强乡村文化的吸引力，这将有助于营造良好的创业环境，吸引更多的优秀人才来到乡村或返乡创业，为乡村振兴提供源源不断

---

[1] 《中共中央 国务院关于实施乡村振兴战略的意见》，《人民日报》2018年2月5日第1版。

第四章 文化振兴与工会工作

的发展动力；可以形成人才、土地、资金和产业集聚发展的良性循环，这将有助于推动乡村经济的可持续发展，实现乡村振兴战略的目标。

文化振兴有助于建设"生态宜居"。实施乡村振兴发展，生态宜居是关键所在。乡村文化振兴不仅能为乡村振兴注入深厚的生态文化底蕴，提升乡村的软实力，还能够增强乡村的吸引力和竞争力，为乡村生态振兴提供强大的精神支柱和思想指导。良好的自然环境是农村最大的优势，也是一份弥足珍贵的财富。我们应该通过文化振兴来保护和传承这份优势，使乡村的生态环境得以持续改善。通过教育和宣传，普及生态保护意识，引导农民树立尊重自然、顺应自然、保护自然的生态文明价值观，实现生产方式和生活方式的转型，形成环境友好型的生产方式和低碳的生活方式。同时，树立和践行"青山绿水是金山银山"的观念，落实节约优先、保护优先、自然恢复为主的原则，实现人与自然和谐共生。只有这样，我们才能更好地推进乡村生态振兴的进程，让村民生活在蓝天白云、青山绿水的舒适环境中。

文化振兴有助于推进"治理有效"。实施乡村振兴发展，治理有效是基础保障。在这个过程中，文化振兴是实现国家治理现代化的重要途径，中国的管理架构、伦理道德、宗法观念都是在农耕文化的基础上形成的，因此，加强乡村公共文化空间建设对于乡村治理和文化振兴起着至关重要的作用。一方面，这有助于挖掘和传承乡土文化传统，同时运用新技术手段，拓展乡村的文化空间，使乡村公共生活更加丰富多彩和具有凝聚力。另一方面，这有助于发挥农村基层党组织、村民自治组织、各类社会组织等多元主体力量，通过提升党员干部的政治素质和业务能力，为村民普及自治、德治、法治意识，形成政府、社会组织和村民共同参与的治理格局，提升乡村治理能力，推动乡村文明和谐发展。此外，文化振兴还有助于提升乡村的治理效能，通过开展各种文化活动，提升村民的法律意识、公民素质和道德水平，从而提高乡村治理的科学性、民主性和法治性。这有助于构建和完善乡村治理体系，推动乡村治理现代化进程。

总之，文化振兴有助于推动产业振兴，促进产业结构转型升级；有助于留住和引进人才，吸引外来人才关注和参与乡村振兴；有助于提高农民的生态文明意识，推动绿色发展；有助于提高农民的文化素质和自我管理能力，增强乡村组织的凝聚力和向心力；有助于释放乡村文化的内在活力，实现农民群众物质生活和精神生活的共同富裕。

（二）文化振兴是乡村振兴的铸魂工程

习近平总书记指出："乡村振兴，既要塑形，也要铸魂。"[①] 没有乡村文化的高度自信，没有乡村文化的繁荣发展，就难以实现乡村振兴的伟大使命。文化振兴是推进中国式现代化的时代诉求。在中国的现代化进程中，我们不仅需要物质文明的发展，也需要精神文明的提升。2023年10月11日，习近平总书记在江西省上饶市婺源县考察时对村民

---

① 中共中央党史和文献研究院编：《习近平关于"三农"工作论述摘编》，中央文献出版社2009年版，第123页。

第四章 文化振兴与工会工作

说:"中国式现代化既要有城市的现代化,又要有农业农村现代化,我很关注乡村振兴。希望你们保护好自然生态,把传统村落风貌和现代元素结合起来,坚持中华民族的审美情趣,把乡村建设得更美丽,让日子越过越开心、越幸福!"[1]中华优秀传统文化赋予中国式现代化鲜明的中国特色,而中国式现代化则推动中华优秀传统文化融入当代文明,焕发出旺盛蓬勃的生命力。中华优秀传统文化的源头和主体都在于乡村。乡村文化是乡村居民在农业生产与生活实践中逐步形成并发展起来的一种道德情感、社会心理、风俗习惯、是非标准、行为方式、理想追求等,它是乡村在生产实践中形成的相对稳定的精神财富,是中国式现代化建设的重要资源,也是实现中华民族伟大复兴的重要途径。为了推动中国的现代化建设,我们需要深入挖掘、传承和创新传统优秀乡土文化,促进以农民为主体的乡土社会融入精神文明,为中国的现代化建设提供强大的精神动力。

文化振兴是实现农民自由而全面发展的现实需要。在《共产党宣言》中,马克思、恩格斯明确提出,"每个人的自由发展是一切人自由发展的条件"。[2]这表明,追求人自由而全面的发展,是马克思主义的核心价值。而实现这一目标的关键前提,则是提升个体的文化素质和丰富其精神世界。乡村文化,作为农民群体社会记忆、思想交流、人

---

[1] 《习近平在江西考察时强调 解放思想开拓进取扬长补短固本兴新 奋力谱写中国式现代化江西篇章》,《人民日报》2023年10月14日第1版。

[2] 《马克思恩格斯选集》第1卷,人民出版社2012年版,第273页。

文情感与精神追求的集中映射，承载了中华民族五千年历史长河中的丰富遗产和辉煌文化。它不仅是满足农民对日益完善的幸福生活需求的出发点和落脚点，更是推动农民实现自由和全面发展的关键因素。乡村文化的振兴能够显著改善农民的精神面貌，塑造其精神世界，从而满足实现农民自由和全面发展的现实需要。

如果说"产业兴旺""人才聚集""生态宜居""治理有效""共同富裕"是塑形工程，文化振兴则是"以文化人，以文育人"的铸魂工程。也就是说，文化振兴贯穿于各个领域和全过程，不仅能够提升乡村的凝聚力和向心力，起到培根育魂、启智润心的作用，还能积蓄强大的发展动力，助力乡村振兴顺利推进。

传承优秀乡土文化，丰富农民精神生活。乡土文化是一个地方的历史、风俗、习惯和信仰的总和，是农民精神生活的重要组成部分。它凝结了乡情乡愁，积淀了丰富的中华优秀传统文化。中华民族在数千年的农耕文明基础上形成了独特的人文传统和价值观念，这些传统和价值观体现在乡村历史遗迹、非物质文化遗产、民俗节庆、民间技艺等方面。传承创新乡土文化，从多元角度挖掘整理乡土文化资源，开展乡土文化活动，加强乡土文化教育，创新乡土文化传播方式，找到优秀传统文化与现代生活的连接点，让优秀传统文化得到活态传承，推动其创造性转化和创新性发展，不仅可以丰富农民的精神生活，提升他们的文化素质，而且能够增强他们的民族自豪感和凝聚力，推动乡村和谐稳定可持续发展。

深耕精神文明建设，筑牢乡村文明之魂。乡风要美，

第四章　文化振兴与工会工作

美在文明。实施乡村振兴发展，乡风文明是灵魂。习近平总书记强调：要"弘扬新风正气，推进移风易俗，培育文明乡风、良好家风、淳朴民风，焕发乡村文明新气象"。①乡风文明建设是乡村振兴的文化基础与持久动力，但一段时期以来，"重经济、轻文明"的思想观念在农村地区占据主导地位，乡风文明建设处于次要地位，一些地区出现了高价彩礼、豪华丧葬、铺张浪费等攀比之风，不仅扭曲了社会价值观，还给农民群众带来了沉重的经济负担，败坏了社会风气。乡村文化是乡村精神文明建设的内核，农村的协调发展、社会的全面进步，离不开文明乡风的助推、精神文化的涵养。应以社会主义核心价值观为引领，以优秀的乡村文化为载体，以农民为主体，以村规民约作为抓手，不断提升村民文明素养，建设宜居、宜业、宜游的和美乡村。

激发文化内生动力，实现乡村"共同富裕"。实施乡村振兴发展，共同富裕是目标。习近平总书记指出："我们说的共同富裕是全体人民共同富裕，是人民群众物质生活和精神生活都富裕。"②共同富裕是中国特色社会主义的本质要求，既包括物质生活的共同富裕，也包括精神生活的共同富裕。没有物质生活的共同富裕，就无法实现真正的共同富裕；而缺乏精神生活的共同富裕，也无法达到完全的共同富裕。先进的乡村文化能够推动和壮大乡村经济

---

① 习近平：《论"三农"工作》，中央文献出版社2022年版，第231页。
② 习近平：《扎实推动共同富裕》，《求是》2023年第20期。

和文化产业的发展，为农民提供创业、就业的机会，提升他们的文化素养和技能水平，成为农民增收的重要手段。同时，乡村文化还能够挖掘和传承中华优秀传统文化和乡村文明，增强民族认同感和文化自信，使人民群众在物质生活和精神生活上都得到充实和提升。因此，我们应该通过多种途径，充分释放文化的内在活力，从而推动文化的发展和繁荣，使农民真正实现物质富足和精神富有的目标。

【知识链接】

习近平文化思想首次提出

2023年10月7—8日，全国宣传思想文化工作会议在京召开。与以往相比，会议最重要的成果是首次提出了习近平文化思想。会议认为，习近平总书记在新时代文化建设方面的新思想新观点新论断，内涵丰富、论述深刻，是新时代党领导文化建设实践经验的理论总结，丰富和发展了马克思主义文化理论，构成了习近平新时代中国特色社会主义思想的文化篇，形成了习近平文化思想。

党的十八大以来，习近平总书记把宣传思想文化工作摆在治国理政的重要位置，聚焦做好新时代宣传思想文化工作，在网信、文艺、新闻、哲学社会科学、思政、文化传承发展等各个领域，提出了一系列重大创新理论：提出坚定文化自信，并将其纳入中国特色社会主义"四个自信"；把坚持社会主义核心价值体系纳入新时代坚持和发展中国特色社会主义的基本方略；从着眼新形势新任务新要求，明确宣传思想文化工作"举旗帜、聚民心、育新人、兴文化、展形象"的使命任务；提出把马克思主义基本原理同中国具体实际、同中华优秀传统文化相结合的"双结合"特别是"第二个结合"的重大论断……

文化之用，化成天下。习近平文化思想观点鲜明，内涵丰富、论述深刻，标志着我们党对中国特色社会主义文化建设规律的认识达到了新高度，为做好新时代新征程宣传思想文化工作、担负起新的文化使命提供了强大思想武器和科学行动指南。

习近平文化思想既有文化理论观点上的创新和突破，又有文化工作布局上的部署要求，明体达用、体用贯通，明确了新时代文化建设的路线图和任务书，为做好新时代新征程宣传思想文化工作担负起新的文化使命提供了强大思想武器和科学行动指南。习近平文化思想是一个不断展开的开放式的思想体系，必将随着实践深入不断丰富发展。

(资料来源：《人民日报》2023年10月9日、新华社2023年10月9日)

(三) 工会赋能乡村文化振兴的实践路径

党的二十大报告明确提出要全面推进乡村振兴，这标志着我国在全面建设社会主义现代化国家的进程中，"三农"事业已经步入了一个全新的阶段，乡村振兴也面临着更深层次的要求。因此，我们应该遵循统筹兼顾的基本原则，全方位、宽领域地整体部署和协同推进乡村振兴。当前，全面推进乡村振兴已成为实现中华民族伟大复兴的一项重大任务。在这一背景下，助力乡村振兴成为新时代赋予工会组织的新使命。

作为重要的枢纽型社会组织，工会在推进乡村文化振兴的过程中所展现出来的独特优势是显而易见的。一是资源优势。乡村文化振兴是一项系统工程，涉及文化产业赋能乡村振兴、助力乡村经济社会发展，实现巩固拓展脱贫攻坚成果同乡村振兴有效衔接。这一过程需要将各种资源有机地结合起来，形成一个协同发展的格局。工会本身具备人才、资金、场地等资源优势，可以为乡村文化振兴提供了有力保障。同时，工会还具备整合各方面资源的能力，能够与政府部门、企事业单位、社会组织等协同合作，形成合力，共同推动乡村文化的繁荣发展。二是组织优势。工会作为一个庞大的社会组织，拥有广泛的会员基础和组织网络。在农村群众中，工会具有较高的认同度和影响力，能够迅速有效地动员和组织农民参与各类文化活动。工会通过组织文艺演出、书画展览、诗歌朗诵等文化活动，丰富了乡村居民的文化生活，提高了他们的文化素养。三是教育优势。工会内部汇聚了各类专业人才，如劳动模范、大国工匠、文艺工作者和教育工作者等。通过组织开展各类劳动技能和文化艺术培训班，工会可以培养乡村产业和文化人才，为乡村文化振兴提供技术指导与人才支持。这将有助于提升乡村文化活动的质量和水平，进一步推动乡村文化的繁荣发展。四是阵地优势。工会组织拥有丰富的阵地资源和宣传平台，包括各级工会组织、工人文化宫、工人疗休养院、户外劳动者服务站点等。此外，

第四章　文化振兴与工会工作

智慧工会 App、微信、微博、客户端等各类宣传平台也为工会提供了广阔的传播渠道。通过这些平台，工会可以对乡土文化和乡村文明进行宣传推广，提高乡村文化的知名度和影响力。

2023年6月2日，习近平总书记在文化传承发展座谈会上提出："要坚定文化自信、担当使命、奋发有为，共同努力创造属于我们这个时代的新文化，建设中华民族现代文明。""充分运用中华优秀传统文化的宝贵资源，探索面向未来的理论和制度创新。"[①] 在服务乡村文化振兴的过程中，各级工会组织应立足工会实际，发挥职能优势，聚焦乡村振兴的总要求，调动和凝聚所有的力量资源，主动作为，积极参与重建文化共生多维度因素融合的乡村共同体，在实现乡村全面振兴中贡献工会智慧和力量。

一是挖掘乡村旅游文化资源，发展乡村文化产业。乡村文化产业作为推动我国经济发展、实现全面建成小康社会的重要途径，是振兴乡村经济的关键内容。为促进乡村文化产业发展，工会可协调各方力量，进行乡村传统文化的研究与传承。深入挖掘并有效使用民间技艺、民俗文化以及劳模工匠文化等特色资源，将之与现代生活方式相结合，创新发展。通过实施乡村文化产业项目，因地制宜地打造民俗特色，如乡村旅游、文化创意产业园、手工艺品制作、民间艺术表演等，推动乡村旅游产业的发展，并提供技术和管理方面的支持。鼓励农民参

[①] 习近平：《在文化传承发展座谈会上的讲话》，《求是》2023年第17期。

与乡村民俗民史馆及公共空间景观设计中，增强他们对传统文化的认同，提高他们的富足感。组织职工开展乡村旅游活动，让职工参与到生态保护和文化传承中来，推动消费助农，让乡村职工受益。此外，工会还可积极向政府部门反映乡村文化产业发展的需求和问题，争取政府、企业和社会各方面的政策和资金支持，为乡村文化产业的发展提供保障。

二是打造公共文化服务体系，丰富乡村文化生活。为进一步推进公共文化服务体系的建设，文化和旅游部于2021年6月10日印发了《"十四五"公共文化服务体系建设规划》。在政府的领导下，借助社会各界的共同努力，该体系不仅包括公共文化设施的建设，还涵盖了多样化的文化产品提供和文化活动的举办，以及其他相关的服务支持。这一切的核心目标，都是为了充分满足民众对文化的基本需求，并确保每位公民都能享有其应有的基本文化生活权益。然而，当前农村地区的公共文化服务面临文化场所缺失、配套设备不全、文艺活动单调、人才队伍匮乏、资金保障不力、民众参与度不高等问题亟待解决。工会在乡村公共文化服务体系的构建中可以大有作为。可以组织"文化下乡"活动，开展各类文艺演出、书画摄影展、教育大讲堂等文化活动；可以参与基层文化设施建设，如开放工人文化活动中心，筹建露天影院、文化广场、农家书屋、博物馆等公益性文化服务场所，提升乡村文化服务水平，优化农民的文化服务体验；可以开展文化志愿服务，参与乡村文化遗产保护和传承工作，帮助农民更好地了解和传承中华优秀传统文化，提高他们的文化素质，让农民

第四章　文化振兴与工会工作

在享受物质生活的同时，也能够享受到丰富多彩的文化生活。

三是实施人才素质提升工程，培育乡村文化人才。乡村文化振兴，关键在人、关键在干。乡村文化振兴，离不开以下几类人：一是乡村文艺工作者，他们通过自己的创作和表演，为乡村居民提供丰富多彩的文化娱乐。二是乡村文化教育工作者，他们通过开展文化知识讲座、技能培训等文化教育活动，提高乡村居民的文化素质和创新能力。三是乡村文化旅游从业者，他们通过为游客提供优质的旅游服务，发展乡村旅游业，同时保护和传承当地的文化遗产。四是乡村文化创意产业从业者，他们通过发掘和利用当地的文化资源，开发出具有地方特色的文化产品，发展文化产业，促进乡村经济发展。五是乡村文化志愿者，他们通过自愿参与各类文化志愿服务活动，为乡村居民提供文化教育和文化娱乐服务。工会可以发挥自身的组织和人才优势，组织各行业的劳动模范、大国工匠、非遗传承人以及文化、教育志愿服务工作者，以文化育人为重点，以科普教育为辅助，以乡村居民为受众，进行"文化下乡""送教送培"等教育培训活动，提高农民的文化素养和审美水平，激发他们的创新精神，培养一批具有乡土情怀和文化素养的乡村文化人才，为乡村振兴提供人才支持。同时，鼓励文化人才回乡创业，发挥他们的专业优势，推动乡村文化产业的发展。

四是传承弘扬优秀传统文化，推进乡风文明建设。乡村振兴的核心在于文化的振兴。只有当文化深入农民的生活中，吸引他们自觉参与和欣赏，才能增强对中华优秀传统文化的认同感。工会可以利用工人文化宫、工人疗休养院、户外劳动者服务站点、智慧工会 App 等自身平台，借助电视广播、报纸期刊、短视频、直播等媒体渠道，宣传中华民族的传统美德和英雄模范的先进事迹，引导农民接受美德文化的熏陶，体会传承劳模精神、劳动精神和工匠精神的重要性，进而提升农民的文化自信，培育热爱与传承中华优秀传统文化的乡村社会文化氛围。同时，助力推进乡村精神文明建设。以乡村公共空间为重要支撑，将中华优秀传统文化与现代乡村精神文明建设相结合，通过丰富多彩的文化活动持续推进农村移风易俗，提升广大农民对中华优秀传统文化的认同，致力于培育文明的乡村风尚、温馨的家庭传统和质朴的社会习俗，激发出乡村文明的勃勃生机，展现出一幅新时代农村风貌的美丽画卷。此外，工会可以建立文化交流平台，加强乡村与城市、其他地区的文化交流与合作，促进城乡文化的互动和融合，拓宽农民的视野，增进他们对外界文化的了解，从而提升乡村文化的开放性和包容性。

总之，工会作为党领导的群团组织，应充分认识到自身在乡村文化振兴工作中的重要性和责任，发挥自身优势，积极参与其中，为实现乡村振兴注入强大的文化动力，从而为实现中华民族伟大复兴贡献力量。

【知识链接】
国家出台的乡村文化振兴相关政策

党的十八大以来，中国的文化事业迈入了崭新的历史篇章。国家相继推出一系列重大文化政策，有效

第四章　文化振兴与工会工作

推动了文化的繁荣发展，并收获了丰硕成果。

2014年3月，国务院颁布了《关于推进文化创意和设计服务与相关产业融合发展的若干意见》，这一里程碑式的文件将文化与其他领域的协同发展上升为国家战略层面。同年8月，文化部、财政部发布了《关于推动特色文化产业发展的指导意见》，进一步明确了促进地方文化产业科学发展的道路，为各地文化产业的发展提供了明确的指导方针。2017年1月，中共中央办公厅、国务院办公厅印发《关于实施中华优秀传统文化传承发展工程的意见》，提出加大文物保护力度，实施重点文物保护工程，这是我国第一次以中央文件形式专题阐述中华优秀传统文化传承发展工作。同年3月，我国文化领域第一部基础性的重要法律《中华人民共和国公共文化服务保障法》正式实施，构建起覆盖城乡的六级公共文化服务体系。随后，《文化部"十三五"时期文化产业发展规划》和《国家"十三五"时期文化发展改革规划纲要》相继出台，为我国文化产业和文化发展改革描绘了宏伟蓝图。其中《文化部"十三五"时期文化产业发展规划》明确提出，发展文化产业不仅是为了满足人民群众多样化的精神文化需求、提升民众的生活品质和幸福感，而且是推动中华优秀传统文化创新性转化与发展的重要途径。它旨在使中国梦和社会主义核心价值观深植人心，成为弘扬民族精神和文化自信的关键载体。《国家"十三五"时期文化发展改革规划纲要》则从更宏观的角度规划了文化体制改革与创新路径，强调了文化在国家软实力构建中的核心作用，以及在全球文化交流中展现中国形象的重要性。两大规划共同铸就了我国文化繁荣发展的坚实基石，为实现中华民族伟大复兴的中国梦提供了强有力的文化支撑。2018年3月，文化和旅游部成立不久，国务院办公厅就发布了《关于促进全域旅游发展的指导意见》，提出在组织旅游活动时充分使用文物遗迹、传统村落以及非物质文化遗产和世界文化遗产展示馆等文化场所。2021年12月，国务院出台了《"十四五"旅游业发展规划》，要求实现文化资源向旅游领域的全面赋能，同时就文旅产业的发展提出了相应的工作方针。2022年3月，文化和旅游部等六部门联合印发《关于推动文化产业赋能乡村振兴的意见》，指出文化是新时代乡村振兴"五位一体"的重要组成部分，同时明确了文化赋能乡村的四大原则和八大路径，为乡村文化振兴提供了强大的支持和指导。2023年1月，中共中央、国务院发布了《关于做好2023年全面推进乡村振兴重点工作的意见》，强调在全面建设社会主义现代化国家的过程中，最艰巨、最繁重的任务仍然在农村，其中包含了对乡村文化振兴的重视。一系列政策文件的出台和落实，为乡村文化振兴提供了坚实的政策保障和实践指导。

（资料来源：范周、侯雪彤：《中国式现代化视角下文化政策新趋势》，《治理现代化研究》2023年第1期）

第四章　文化振兴与工会工作

二　工会组织助力文化振兴的主要举措与实践案例

乡村文化振兴，不仅是对传统文化的保护和传承，更是对乡村发展的推动和引领，同时也是一项长期而艰巨的任务，需要全社会的共同参与和努力。在具体实践中，全国各地工会在助力乡村文化振兴方面采取了多种举措，旨在提升乡村职工的文化素养、丰富精神文化生活、保护和传承乡村文化以及培育乡村文化人才，有力助推乡村文化的繁荣与发展。

（一）弘扬主旋律，培育乡村文化新风尚

工会组织通过举办讲座、培训班、座谈会等形式，开展社会主义核心价值观宣传教育，传播先进文化，弘扬优秀传统文化，倡导移风易俗，培育乡村文化的新风尚。同时，通过劳模表彰会等活动，大力弘扬劳模精神和工匠精神，树立劳动模范和工匠人才的榜样形象，从而激发乡村职工的劳动热情和创造活力，推动乡村形成崇尚劳动、尊重人才的社会风尚。

四川泸州市总工会以党工共建、新时代文明实践共建为载体，用群众喜闻乐见的形式开展了丰富多彩的新时代文明实践活动，引导乡村奏响"最炫文明风"。通过开展"支部结对子，党员手拉手"活动，深入开展党的创新理论宣传教育，引导村民群众听党话、跟党走。仅2022年，泸州市总工会党组书记、分管领导等先后到村宣讲习近平

总书记来川视察重要指示精神、党的二十大精神、党的十九届六中全会精神、泸州市第九次党代会精神，进一步激发村民群众感恩奋进、坚韧自信，为勤劳致富添加动能。此外，投入10万元专项经费，开展型家村文化院坝升级改造，增设LED大屏、音响，让停了的坝坝舞又舞动了起来，并把社会主义核心价值观、文明乡风、移风易俗等内容通过文化院坝大屏传播出去。

浙江温州市洞头区总工会着力发挥劳模工匠等先进典型的示范带动作用，加强思想文化引领，为乡村振兴注入工会能量。该区"百岛工匠"中有多位来自洞头乡村，区总工会找准切入点，引导成立以洞头"百岛工匠"王安义等为骨干的乡贤组织，努力推动"百岛工匠"王安义工作室木雕展示馆落地，让工匠精神的基本内涵成为洞头乡风文明的一道亮丽景色。同时，培育典型正面引领，把劳模工匠等先进典型的培育工作，与乡风文明建设有机结合，弘扬洞头首位感动中国人物——"兰小草"精神，培育"最美劳动者"，开展劳模工匠先进典型事迹系列宣传十余场次，坚持典型引路，传播大爱正能量，在村居中普遍形成崇善尚德的良好氛围。

（二）开展文化活动和文化服务

工会组织定期在乡村地区开展各类文化活动，如文艺演出、电影放映、书法绘画比赛等，旨在丰富乡村职工的精神文化生活。通过组织开展这些丰富多彩的文化活动，不仅增强了职工的文化自信，还提高了职工的文化素养。同时，工会还提供多种形式的文化服务，如送文化下乡、

第四章 文化振兴与工会工作

开展文体培训、组织文化交流等，促进城乡文化的互动与融合。

山西阳泉市总工会举办"中国梦·劳动美"送文艺到基层巡演活动，湖北宜昌远安县总工会举办"法制文化平安创建"暨廉政文艺直通车送戏下乡文艺演出，江苏盐城大丰区总工会开展助力乡村振兴文化惠民"送戏下乡"实践活动，等等。各地工会组织通过积极组织开展一系列接地气、入人心的文化惠民活动，用文化为乡村精神文明建设"铸魂"。其中，"送戏下乡"活动通过高水平又接地气的文艺演出，弘扬了时代主旋律，反映了时代新风尚，丰富了农村的精神文化生活，推动了社会主义新农村建设，切实打通了文化服务群众的"最后一公里"，大大活跃了群众的闲暇生活，拉近了邻里亲朋之间的距离，架起了服务群众的"连心桥"。

山东潍坊市总工会引导各级工会组织积极宣传贯彻社会主义核心价值观，尤其针对驻地在镇街（农村）的企业和企业员工（农民工），注重把学习培训、安全生产、身心健康、环境卫生、文明礼貌等素质养成和技能提升等内容融入各项活动中。通过开展潍坊工匠、潍坊金牌工匠选树、最美职工评选、职工读书活动和文化大讲堂等活动，传播文化理念，弘扬向善向上、文明进步的精神。与此同时，他们还积极探索开展职工（农民工）家庭文化建设，组织实施"传扬家风家训·建设幸福家庭"教育实践活动，以良好家风促进职工"四德"建设，形成修身、齐家、兴企相互联系、互动互促的企业文化建设体系。

江苏扬州市总工会以职工大讲堂、"劳模工匠进校园思政教师进企业"等活动为主体，组织劳模工匠、"义工教授"、劳模事迹宣讲团走进乡村车间、项目工地和乡村礼堂，开展主题宣传宣讲。同时，他们还组织"职工文艺轻骑兵"送文化进乡村，在丰富乡村群众文化生活的同时，广泛宣传技术创新、安全生产、法律维权等知识，真正将文化惠民、服务百姓落到实处。

浙江金华市总工会工人文化宫成立职工群众自己的艺术团，收录来自农村基层文艺骨干自编自导自演的节目作品近200个，这些节目将"绿水青山就是金山银山"的理念编入文艺节目送到基层农村，使群众深刻感受到时代发展带来的新变化；职工学校每年举办乡村艺术文体教育、农民生活品质和思想道德教育以及农民技能培训等活动，通过培训深入挖掘乡村文化资源，进一步丰富乡村文化旅游的内涵；职工维权帮扶中心深入乡村，开展《浙江省工会劳动法律监督条例》宣传活动，不断加强乡村法治宣传，推动乡风文明建设。另外，通过工会服务送下乡活动，倡导科学文明健康的生活方式，传承和弘扬农村优秀传统文化，促进农耕文明与现代文明有机结合，为实现乡村振兴培育文化土壤。

湖北宜都市总工会根据职工群众需求，深入村社区开展摄影、健身、舞蹈等文体公益培训。这些活动旨在服务基层"小三级"工会会员，推动乡村文化活动动起来、转起来，以文化繁荣赋能乡村振兴。

（三）推进文化基础设施建设

各地工会组织通过政策宣传、筹措资金、组织推动等

第四章 文化振兴与工会工作

多种方式积极推进乡村文化基础设施建设。一方面，在乡村开展政策宣传、解读等活动，让广大农民群众了解国家对乡村文化建设的重视和支持，增强农民群众的文化自信，为乡村文化基础设施建设营造良好的社会氛围。另一方面，与乡村党支部、村委会等机构部门密切协作，为乡村文化活动场所的建设制定规划。此外，多地工会借助组织优势，通过多渠道筹措资金，设置专项经费，用于农家书屋、文化广场、文化服务中心等基础设施的建设和维护。

山东潍坊高密市总工会专门拨出文化设施建设专项经费，对建设力度大、投入资金多的企业给予资金扶持，极大地调动起企业建设文化阵地的积极性。目前，全市已建500多处职工文化活动场所。为深入推动全民阅读，建设"学习型工会"，该市大力推进职工书屋建设。目前该市共有全国职工书屋示范点3家，省级职工书屋示范点2家，并在40多处社区工会联合会建起了"农民工书屋"。

浙江温州顺泰县在村级联合工会的基础上，完善健全乡村公共文化体系。以左溪村文化礼堂为试点，通过设立左溪村旅游联合工会办公室、同心服务工作室、职工文体活动中心、职工书屋等村级工会硬件设施和活动阵地，有效地把工会元素融入农村文化礼堂建设当中。

江西武宁县总工会为加强乡镇基层工会职工文化活动阵地建设，给每个乡镇（街道、园区管理会）下拨业务经费，助力乡镇工会提升活动场所，增添活动设施，建好"职工之家"。全县21个乡镇、街道、园区管委会都配套了部分资金，新建、扩建了活动场所，改造完善了活动设施，篮球场、羽毛球场、乒乓球室、桌球室、图书阅览室、健身房、卡拉OK厅等设施都已配备到位，丰富了工会会员的业余文化生活，使乡镇工会成为凝聚乡镇广大职工会员的"幸福之家"。

（四）推动乡村文化产业发展

工会组织积极推动乡村文化产业发展，将文化产业与乡村振兴战略相结合，通过举办乡村手工艺技术培训、组织技能大赛、扶持乡村文化产业、发展乡村文旅产业等形式，促进乡村文化产业的发展，实现文化与经济的双赢。

云南省德钦县总工会在社区开展藏族传统民族服饰手工艺培训，挖掘开发本地区传统文化，加快少数民族手工艺品规模化、市场化发展，丰富旅游商品市场，同时促进农村妇女能够通过自身的手工艺实现就业，增加收入，促进地区经济的发展。

陕西省渭南韩城市总工会与芮国遗址博物馆、党家村、司马迁祠等景区共同组织开展"手工文创"主题的技能培训活动，更好地弘扬和传承"非遗"传统艺术，真正让"韩城文化"走出去；同时，也为培养民间手工艺能手和创业带头人奠定基础，进一步带动周边村的待就业群体掌握技能、勤劳致富，为韩城市文旅融合和乡村振兴工作赋能添力。

浙江金华市总工会助力文旅产业发展，成立疗休养中心，同时，要求全市工会组织重点在特色小镇组建工会，并在餐饮、导游及特色产业等行业开展劳动竞赛和技能比武。例如，开展全市导游技能大赛、餐饮业服务技能大

第四章 文化振兴与工会工作

赛、职工疗休养产品设计大赛以及首届乡村旅游美食节名小吃大奖赛等,以在市级工会层面树立振兴乡村旅游经济的发展导向;县级总工会统筹县域旅游资源,深化"工会+旅游+产业"模式,让疗休养职工住乡村民宿、品农家美味、尝农特产品、选农林特产、享农耕文化、游美丽乡村、忆农家乡愁,以提升乡村游的吸引力。行政村则按照"公司+基地+工会+农户会员"四位一体框架,组建农村专业村基层工会。比如,浦江建光村以"诗人小镇"特色为依托,流转土地1500亩,引进四合公司,开发种植500亩玫瑰经济作物,形成玫瑰系列产业(玫瑰花茶、玫瑰花饼、玫瑰精油、玫瑰花露);在开发码头、索道、生态马道等旅游设施的同时,规划农特产展销、美食美宿推介推广,扩大了客流容纳量,提升了村民创业的积极性。

【经典案例】

山东青岛市总工会:大馒头文化节助力乡村文旅

青岛崂山王哥庄大馒头至今已有500余年历史,不仅是大家餐桌上的主食,更是家喻户晓的特色品牌、市级非遗项目崂山面塑的代表性产品,成为崂山最具代表性特色产业之一,也是青岛乡村振兴、百姓幸福生活的参与者和见证者。如今,王哥庄大馒头实现了从餐桌面食到特色经济领头羊的华丽转变,截至2023年10月底,全街道生产大馒头1.2万吨,产值达1.08亿元。

2023年11月,山东省青岛市总工会与青岛市农业农村局、青岛市文化和旅游局、崂山区人民政府联合主办"2023青岛崂山王哥庄大馒头文化节",旨在以节聚势、以节兴旅、以节富民,推动农文旅高质量融合,进一步塑造王哥庄"中国大馒头之乡"的产业名片,让王哥庄大馒头真正成为"岛城名牌",成为乡村振兴、富民强村的"金饽饽"。

本届文化节不仅延续了往年的经典环节:举办花样馒头大赛、第一锅馒头敬道德模范和文明家庭,还创新性设计多个"首次"环节。首次发挥"名人效应"为大馒头节代言;首次发布《王哥庄大馒头团体标准》,为今后王哥庄大馒头的生产规范和质量设下了"一把尺";首次进行王哥庄十大有礼好品推介活动,以好品好物宣传乡村振兴创业带头人;首次发布"馒馒一家人""馒馒喜欢你"版权商标申报成果,让王哥庄大馒头的官方 IP 有了"身份证";首次在开幕式现场摆起了"山海王哥庄"长桌宴,组织辖区 SC 生产企业通过制作多种造型的花样大馒头,共同打造了一幅王哥庄大馒头景观画卷,展现和美乡村新面貌;首次在石老人沙滩设置了"馒馒期待"王哥庄大馒头艺术气模,以"馒馒喜欢你"巡游小车引起市民游客关注打卡,现场派发特产"试吃品"。

本届文化节一直持续到2024年阴历二月初二,开幕式后举办了"王哥庄·山海礼"市区巡展推介活动,同时,联合全市星级酒店开展"王哥庄大馒头订货推介会",通过市总工会等单位,围绕年货礼盒、职工福利等进行专项推介及订货，并举办大馒头专项培训会、产业发展座谈会等交流活动。

（资料来源：根据青岛新闻网相关报道整理）

【经典案例】

贵州黔东南：工会赋能助力乡村非遗焕发新生力

近年来，黔东南州各级工会联合各方力量，将非遗产业作为工会重点帮扶项目，以投入专项资金、开办非遗人才培训班、劳模创新工作室、工匠场、技能比武、直播、电商培训等多种形式支持产业发展，助力越来越多的非遗项目登上各种舞台，绽放独一无二的民族风采。

非遗成为乡村振兴的"金钥匙"

丹寨县采用"村妇联+公司+合作社+农村贫困妇女"的模式，通过以村合作社为生产线，以商铺为主要对外展示、推广、体验和销售的场地，集中妇女到公司、合作社就业，或发放"锦绣包"的形式居家灵活就业，带领着乡亲们脱贫增收。如今，丹寨县扬武镇排倒村人、县非物质文化遗产代表性传承人张义苹的"蓝锦染艺"工坊已成为集蜡染培训、制作加工、旅游参观一体化的现代基地，成为当地一张响亮的非遗名片和展示窗口。2021年，经县、州、省各级工会的推荐张义苹获得了全国五一巾帼标兵、贵州优秀创业女性、黔东南工匠等荣誉。

2011年，北侗"盘轴滚边绣"被列入国家级非物质文化遗产保护名录。2016年，罗根仙成立了锦屏县九寨侗族文化旅游开发有限公司，以民俗旅游开发为契机，建立了生产基地，把侗族刺绣结合银饰、皮具等进行产品研发，促进传统手工艺与现代元素的融合，生产出一系列独具民族特色又时尚的衣服、箱包、软装等深受市场青睐的产品。如今，锦屏县平秋村的绣娘们实现了在家门口月入3000—5000元的愿望。罗根仙也先后获得了"贵州省巾帼脱贫攻坚先进个人"、锦屏县"2019年脱贫攻坚优秀村干""黔东南州劳动模范"等荣誉。

校企合作助力非遗文化传承

2020年，黔东南职校的"国春银饰班"通过校企合作的方式正式开班，在省、州、县各级工会的帮助下，学校现拥有省级创新工作室、职工书屋、工匠场等阵地，设立了苗族银饰制作体验中心、银饰品锻造系列作坊、苗族银饰锻造技艺传承培训基地、工艺精品展览馆、高职院校实训基地、非遗传承培训学校等，可年产手工锻制银饰银器50万件，为非遗文化的传承创新和人才振兴提供了良好的平台和阵地基础。

工会赋能提升民族文化影响力

黔东南州各级工会在民族文化保护、传承人队伍建设、经费保障、非遗特色小镇、各类非遗工作站、非遗传习中心（基地、所）、民族特色文化活动举办、民族节庆品牌提升等方面发挥了工会组织动能，提高了民族特色文化的知名度和影响力，为深化文旅融合促进旅游产业高质量发展，打造国内外知名民族文化旅游目的地目标，提升"民族原生态·锦绣黔东南"品

第四章　文化振兴与工会工作

牌知名度,助力非遗产业振兴中展现了工会组织力量。

（资料来源：摘自中工网2021年11月17日刊登文章《贵州黔东南：工会赋能助力非遗焕发新生力》）

【经典案例】

山东烟台：工会推动农家书屋提质增效

2020年以来,烟台市总工会为发挥"农家书屋"在保障农民基本文化权益、助力乡村振兴战略实施方面的重要作用,连续三年在农民工集中的村居、工友创业园区支持建设"工会助力乡村振兴'农家书屋'",让农民工在"家门口"也能享受到"文化大餐"。截至2023年12月,已建立市级"农家书屋"45家,每家资助2万元,推动"农家书屋"提档升级,新建改扩建书屋面积2600多平方米,覆盖农民工6万多人,引领文明新风尚。

如何使农家书屋在乡村振兴中发挥作用？以烟台市总工会"乡村振兴"朱桥服务队在烟台莱州市朱桥镇河东村建设的"农家书屋"为例。

首先,服务队与朱桥镇有关领导及村干部商讨决定,依托乡村振兴河东党建示范区,在其二楼建设"农家书屋",方便老百姓借阅图书；建设过程中严把质量关,书架、桌椅板凳等均列出详细方案,提高书屋建设设施的标准,使书屋真正成为乡村文明的"文化站"。

其次,服务队与河东村负责人共同选择书目,严格按照国家和山东省"农家书屋"重点出版物推荐目录选书配书,针对农民需求,选择适合农民群众"胃口"、符合农村实际需求的书籍；及时补充党的创新理论、法律、传统文化、农村电商、养殖技术、科学种植、病虫害防治、农业科技及儿童读物等方面的书籍，真正让"农家书屋"成为农民的"精神粮仓"、致富的"技术站"。

再次，服务队联合河东村在"农家书屋"成立图书管理小组并制定《图书管理制度》《图书借阅制度》，设立图书借阅记录本，定期由值班小组成员严格按照制定的制度对图书进行管理。同时，在书屋设立了意见箱、建议栏，让老百姓参与书屋的管理和运行，使书屋健康可持续性发展。

最后，服务队持续组织各种读书活动，将"农家书屋"与党员教育、农技推广等内容相结合，开展主题党日、农技专题培训等活动；采取村党员干部领读、带读、经典读书会等多种方式举办各类主题阅读活动；抓住寒假、暑假及传统文化节日等时间节点，针对农村老人、妇女、儿童的需要，开展读书看报、文化体育及科技培训等活动。

通过阅读，更多的现代农民了解到外面的世界，学习到发展现代农业的相关知识，促进了科学种田并在学中干、干中学，陆续开办了一些家庭副业项目，真正起到了振兴乡村的作用。

（资料来源：根据山东工会网2020年7月23日刊登文章《文化"粮仓" 处处书香——烟台市总工会助力"乡村振兴"的朱桥范本》、中工网2023年12月11日刊登文章《烟台建立各级职工书屋、阅读便利点、劳模书架等3300多个：书屋暖意浓 职工"充电"忙》整理）

第四章　文化振兴与工会工作

【经典案例】

安徽舒城县晓天镇工会：打造丰富多彩的乡村文化

近年来，安徽舒城县晓天镇工会积极筹备和参与各类文化活动，为乡村文化宣传提供了新业态、新渠道、新平台，为乡村文化振兴注入了新的活力。

让"我们的节日"丰富多彩

以春节、元宵节、清明节、端午节、中秋节、重阳节等重要传统节日为载体，由工会牵头，在全镇开展以经典诵读、节日民俗、文化娱乐和体育健身活动等为主要内容的群众性节日活动，推动"我们的节日"主题活动深入开展。近年来，先后开展相关活动130多场，参与人数近万人。

让"兰事"活动精彩纷呈

晓天镇是舒城小兰花茶的原产地和主产地，同时也是大别山国兰之乡。为打造茶兰文化，每年春茶上市时节，晓天镇工会都组织开展名优茶炒制比赛，吸引本镇各个村的茶农现场竞技，评出名次。结合开展大别山兰花展览，展出当地兰花名品精品，促进各地兰友观摩交流。同时组织开展以"赏兰品茗"为主题的文体活动，包括文艺汇演、摄影、绘画、书法等内容，宣传推荐晓天的兰花和兰花茶两大品牌。

让特色活动喜闻乐见

晓天镇工会组织开展全镇广场舞比赛、羽毛球比赛、篮球比赛、乒乓球比赛等体育文化活动；同时，打造富有区域特色的文化品牌，目前已成功举办农民趣味运动会、趣味象棋赛、拔河比赛、广场舞比赛、全民阅读读书会、村晚、村歌教唱、国学课堂传习等，不定期组织群众文化活动展演和民间技艺专场展示，全力打造"兰花古镇"特色文化品牌。

让评选活动深入人心

每年由工会发出倡议，各村向镇上积极推荐"助人为乐""见义勇为""诚实守信""敬业奉献""孝老爱亲"道德模范；在全镇居民家庭中开展集中推荐，评选出家国情怀、孝老爱亲、家风优良、移风易俗等"最美家庭"和"最美婆媳"；每年年底前，开展"美丽庭院"评选表彰活动；联合村妇联、共青团，走村入户开展移风易俗文明新风倡导活动。引导广大群众摒弃传统陋习、弘扬社会正气，把社会主义核心价值观融入评选活动的细枝末节。

让网络媒介灵活起来

晓天镇工会积极创新，充分依托网络媒介，探索文化振兴"新模式"。深度挖掘特色传统文化，利用"爱晓天"抖音号制作短视频，同时举办各村专场直播活动，将富有山区特色的各种文化活动进行生动呈现，挖掘乡村优秀传统文化中蕴含的思想观念、人文精神、道德规范。全面开启"直播＋群众文化"系列活动，达到"村村有活动"的目标，极大地丰富了群众精神文化生活。

（资料来源：摘自安徽舒城县政府网《晓天镇工会助力文旅　促乡村文化丰富多彩》）

第四章 文化振兴与工会工作

【经典案例】

四川省总工会：红色文化助力乡村巨变

四川省甘孜州炉霍县雅德乡交纳村是当年红军长征路途中驻扎最久的革命根据地之一，2018年被纳入四川省总工会的定点帮扶村，原本偏远的小山村在四川省总工会驻村帮扶队的带领下，秉承红色文化基因，打造红色文化阵地，呈现一个"业兴、家富、人和、村美"的新乡村。

红色基因强化党建引领

红色文化是交纳村宝贵的精神财富，也是锤炼全村党员党性修养、筑牢党性根基的重要源泉。秉承红色基因，省总工会驻村工作队以扎实的党建工作引领乡村振兴发展。在驻村工作队的带领下，村党支部严格落实"三会一课"制度，积极培育新党员，不断优化党员年龄结构，除了夯实乡村振兴骨干力量外，驻村工作队还开拓思路，让党建阵地"活"起来。制作宣传展板、悬挂横幅标语，建立"交纳信息群"和"交纳短评"栏目，组织外出参观，驻村工作队运用传统宣传方式和新媒体手段，激励全村干部群众实现乡村振兴走上共同富裕的信心。

红色广场唱响乡村文明

驻村工作队来了后，村里经常举办各种比赛，篮球赛、广场舞、迎中秋庆国庆联欢晚会、迎新年趣味活动比赛等；每到傍晚，红色文化广场上就会响起悠扬的音乐，吸引村民们来跳舞、散步；村里还组建了舞蹈队，开办了农（牧）民夜校，村民们走路腰板更直，底气更足，精气神越来越好。此外，驻村工作队积极争取县委宣传部、县文化广播旅游局支持，将交纳村纳入甘孜州社会主义核心价值观示范村和幸福美丽新村文化院坝建设，村里文化氛围越来越浓。文化活动丰富了，乡风也更文明。驻村工作队及时修订完善《交纳村村规民约十条》，实施乡风文明"十破十树"行动，推动乡村文明建设和移风易俗。目前，"文明家庭"与"道德红黑榜"评选活动已在交纳村常态化开展。

红色文化赋能旅游新村

以前的交纳村道路崎岖不平、生活环境差，几乎没有外地人愿意踏足。省总工会驻村工作队围绕特色资源、特色文化、特色区位做文章，先后整合投入401.1万元资金完成乡村酒店等基础设施建设，拿出52万元资金用于民宿接待打造，协调95万元资金打造"崩科民宿样板房"，同时邀请专业团队，完成以交纳村为中心的区域连片规划"红心谷"项目，持续打造"红军树"景观项目，大力宣传"马粪掏'食物'群众伸援手""驻扎'红军树'军民鱼水情"等典型故事……把交纳村建设成"红色文化旅游新村"。现在的交纳村，路通景美，游客一天比一天多，乡村酒店已正式投入运营，每年可实现5万元集体经济收入。此外，在省总工会帮助下，交纳村黑青稞、高原小番茄、高原灵芝种植以及奶牛养殖等特色产业发展如火如荼，全村飞地大棚达到5个，每年固定分红13万元，村民们的日子越加红火。

（资料来源：根据《四川工人日报》2023年6月9日第1版刊登文章《美丽藏乡入画来》整理）

第五章

生态振兴与工会工作

生态振兴不仅是乡村全面振兴的重要支撑，也是乡村全面振兴的集中展现。党的二十大报告指出，中国式现代化是人与自然和谐共生的现代化。要实现人与自然和谐共生，在乡村必须坚持在顺应自然、保护自然的基础上谋划发展，必须牢固树立"绿水青山就是金山银山"的发展理念，坚定不移地走生产发展、生活富裕、生态良好的文明发展道路。乡村生态振兴不仅关乎乡村全面振兴的推进，也是中国特色社会主义生态文明建设的重要组成部分，影响着中国实现人与自然和谐共生的现代化进程。推动乡村生态振兴，需要汇聚全社会的力量。作为党联系职工和群众的桥梁和纽带的中国工会，具有动员和发动职工和群众积极参与乡村生态振兴的天然优势，是新时代实现乡村生态振兴的重要力量。

一 生态振兴是乡村振兴的重要支撑

（一）生态振兴在乡村振兴战略中具有重要地位

中国是农业大国，农村人口众多，农村发展状况关乎着中国式现代化进程的推进。党的十八大以来，以习近平同志为核心的党中央高度重视农村工作，把解决好"三农"问题作为党和国家的重点工作，做出了一系列的重大决策和部署。党的十九大报告提出要实施乡村振兴战略。党的二十大围绕全面推进乡村振兴做出了重要部署，指出要扎实推动乡村产业、人才、文化、生态和组织振兴。随着乡村振兴战略的深入推进，农村生态环境有了根本性改善，美丽乡村建设有了重大突破。然而在乡村，农业绿色生产方式还较为滞后，农村生态保障的机制还不健全，农民生态文化素养还不高，乡村生态振兴的道路还很漫长。这需要继续深入学习贯彻习近平生态文明思想，继续践行"绿水青山就是金山银山"的理念，全面持久推进乡村生态振兴。

生态兴，文明兴。纵观中华民族五千多年的文明发展史，敬畏自然、热爱自然、顺应自然的文化一直延续传承。首先，中国古人所推崇的天人合一的思想，蕴含了天、地、人为一体，人与自然和谐共生的思想。《周易》记载"有天地，然后有万物；有万物，然后有男女"，可以看出古人把天地作为人的衣食父母，要像对待父母一样，敬畏天地、善待自然。[①]《庄子·齐物论》记载"天地与我并生，而万物与我为一"，把天地与人看成浑然的一体，人与自然包容发展。其次，中国古人尊天时、尽物性，顺应自然规律。中国古人一直根据"天时"来进行农耕作业，二十四节气在农业中的应用更是显示了中国古人

[①] 刁生虎：《习近平生态文明思想对中华传统生态智慧的传承与发展》，《江苏社会科学》2022年第2期。

第五章　生态振兴与工会工作

应用自然规律的智慧。《孟子·梁惠王上》中"不违农时""数罟不入洿池""斧斤以时入山林"更是强调遵循自然，反对无节制地使用自然资源。当今人类所面临的生态环境问题是没有遵循自然界发展的规律，向自然界无限索取所造成的。新时代，我们应该更好地传承和遵循中国古人生态智慧，既要利用好自然，又要保护好自然，在生态发展中，更好地延续中华文明。

乡村生态振兴是推进城乡协调发展，满足人民美好生活需要的必然要求。党的十九大报告指出："我国社会主要矛盾已经转化为人民日益增长的美好生活的需要和不平衡不充分发展之间的矛盾。"长期以来，城乡在教育、医疗、卫生和居住环境等方面差距明显，乡村各项事业的发展远远落后于城市，已经远远不能满足农民对美好物质生活和精神生活的需要。实现乡村生态振兴，建设美丽乡村，打造宜居宜业的乡村家园，是缩小城乡差距，促进公共资源共享，维护社会公平正义，促进社会和谐稳定的重要举措。此外，只有实现乡村生态振兴才能改善乡村生活的物质基础，为吸引城市人才到农村旅游、兴业，并为农村留住人才提供保障。这在一定程度上有利于打破长期以来形成的物质、人才单一向城市流动的格局，畅通人口双向迁移、资源要素双向流动，形成与城市发展互补的乡土产业体系，进而减少城乡发展差距，实现城乡共同发展、协调发展。

实现农民物质富裕是乡村振兴的重要目标之一。生态振兴在生态保护的基础上能够实现生态资源价值化，增加农民收入，促进农村共同富裕。实现共同富裕是中国式现代化的本质要求之一，也是中国不同于西方现代化的重要标志之一。当前，农村仍然是我国实现共同富裕最主要的短板。乡村振兴可以将农村生态资源财富转化为生态产品与服务供给，通过市场交换，将生态资源财富转化为农民收入。[①] 近年来，随着乡村生态环境的改善，乡村生态资源具备了转化为更高的生态产品价值的基础。乡村中的山水林田湖沙等自然资源以及生态文化资源在做好保护的基础上可以经过品牌化开发重塑，实现生态资源资产化，继而实现生态资源资本化。生态资源资本化促进了农民增收，使农民尝到了生态保护的甜头，从而反向激发农民进一步保护农村生态的内生动力。农村生态资源资本化也能够吸引更多社会资本投入农村建设中，有利于农村基础设施和公共服务的供给质量的提升，这也进一步促进了农民增收，实现乡村生态振兴增收的乘数效应。

  生态振兴是乡村振兴的重要基础，不仅是衡量乡村是否振兴的重要标尺，也对乡村振兴的其他维度具有积极促进作用。首先，乡村生态振兴不仅为乡村产业发展提供了绿色、可持续的发展理念，也为乡村产业振兴提供了生态资源。绿色可持续的发展理念促进绿色生产技术的应用，增加了乡村产业的产品附加值，促进了农村产业向绿色低碳产业的发展转型。乡村绿色生态农业资源也为乡村产业健康发展提供了绿色的生态基础。其次，乡村生态振兴需要大量农业和生态人才，为吸引人才在乡村就业创造了岗位和机会。同时，乡村生态环境的改善、美丽乡村的建设

---

  ① 郎宇、王桂霞：《生态资源价值化助推乡村振兴的逻辑机理与突破路径》，《自然资源学报》2024年第1期。

第五章　生态振兴与工会工作

为人才在乡村生活提供了良好的环境，为留住乡村人才提供了保障。再次，良好的生态是乡村文明延续的物质基础，也是乡村文化发展的载体。乡村生态振兴注重对乡土山川、河流、土地的保护，注重加强对山水风貌的热爱，传承中华农耕文化。没有生态振兴和生态文明，文化振兴就很难延续。最后，乡村振兴各项工作的推进关键在乡村基层党组织。乡村生态振兴过程中，生态农业的发展、美丽乡村的建设、生态文明意识的培养，都需要发挥基层党组织的战斗堡垒作用。乡村基层党组织在推进乡村生态振兴的过程中，也树立了生态文明理念，提升了自身生态工作的能力和水平，推进了自身建设。

(二) 协同有效推进乡村生态振兴

乡村生态振兴本质上是推动乡村环境与乡村人口、经济协调发展，实现人与自然和谐共生，是一个复杂的系统工程，需要统筹兼顾，协同产业、文化、人才和组织共同推动，也需要在遵循自然资源发展的基础上，有效推动乡村生态振兴的质量。要坚持以习近平生态文明思想为根本遵循，积极践行"绿水青山就是金山银山"的发展理念，建设美丽宜居乡村，兴旺乡村绿色产业，培育乡村生态文化，构建共治共享的乡村美丽生态，不断满足乡村人民对美好生活的需求。要坚持系统观念，把生态保护放在优先位置，立足于当地生态资源禀赋优势，因地制宜，调动社会各方力量，稳步发展乡村生态经济，逐步提高生态环境质量，打造看得见美丽、留得住乡愁的现代乡村。

乡村生态振兴要坚持以习近平生态文明思想为根本遵

循。党的十八大做出了大力推进生态文明建设的战略决策，生态文明建设纳入了国家事业发展的"五位一体"总体布局。党的十八大以来，习近平总书记站在人类文明和中华民族永续发展的高度，围绕生态文明建设，继承和发展了马克思关于人与自然关系思想的精髓，汲取了中国古人优秀的生态智慧，并进行创新和发展，提出了一系列的重要理论，推动了一系列的生态文明实践，取得了生态文明建设的重大成就，形成了习近平生态文明思想，这为实现乡村生态振兴提供了根本的遵循和行动指南。新时代，在推动乡村振兴的实践中，要牢牢坚持以习近平生态文明思想为根本遵循，牢固树立生态兴则文明兴的观念，积极践行"绿水青山就是金山银山"的理念，在节约资源、保护生态和恢复自然的基础上，辩证地处理生产发展与生态保护的关系。要树立保护和改善生态环境也是发展的观念，生态环境好了，生产才有了更好的物质基础，生产的成果也才能更好地为人民所享有。要坚持以人为本，把坚决整治乡村中突出的环境问题，提供优美的乡村公共生态资源供给作为优先领域，使乡村天更蓝、水更清、地更绿，使农民生活在更为舒适的环境中，获得更多的幸福感。

　　乡村生态振兴，要建设美丽宜居乡村。优美良好的乡村生态环境是乡村生态振兴的重要内容，也是提升农民生活品质的落脚点。首先，继续加大农村环境整治提升是建设美丽宜居乡村的首要任务。[1] 一是要推进垃圾综合治理

---

[1] 郭星星：《农村生态文明建设助推乡村全面振兴存在的问题与路径研究》，《农业经济》2024年第2期。

第五章　生态振兴与工会工作

实施村庄清洁行动，建立完善"户分类、村收集、乡转运、县处理"的垃圾收运处置体系，推广市场化保洁模式，推进垃圾分类减量和资源化利用。二是要因地制宜推进厕所革命，科学选择厕改模式，做好农村厕所粪污处理。三是健全农村污水处理常态化的工作机制，确保农民饮水安全。其次，要完善乡村生态配套的基础设施建设，将现代物质文明融入乡村生态文明建设中来。要结合村落的地形地貌，在不破坏村落面貌的基础上，实施和推进农村亮化、绿化、净化和硬化等工程建设；要将数字化建设纳入乡村建设中来，因地制宜地促使农村电网、路网、水网、排污管网、信息网络的互联互通，通过新建改建和完善升级等系列措施，为实现乡村宜居宜业奠定硬件基础。最后，美丽宜居乡村建设关键是靠农民自身。农民是乡村生活的主体，也最了解乡村实际情况。美丽宜居乡村建设要把农民动员起来，坚持依靠农民、问计农民。农民干得了的，农民来干；农民干不了的，政府和农民一起干。例如，农民庭院整治、房前屋后垃圾处理等一般要农民来干；农村改厕、污水处理、基础设施建设等需要政府指导下农民来干，或者由政府来干。

乡村生态振兴要兴旺乡村绿色产业。习近平总书记多次指出："绿水青山就是金山银山。"[①] 乡村生态振兴在保护生态环境，实现"绿水青山"的基础上，要积极探索把"绿

[①] 中共中央宣传部、中华人民共和国生态环境部编：《习近平生态文明思想学习纲要》，学习出版社、人民出版社2022年版，第27页。

水青山"转换为"金山银山"的路径。只有"绿水青山"不是乡村生态振兴。一方面，要构建现代乡村绿色产业体系。① 要根据乡村农业资源禀赋，大力发展乡村绿色、高效的生态农业。要立足实际，发展农村绿色种植技术，提升农产品价值，要构建政府支持、社会资本参与的绿色科技发展资金支持政策，健全完善发展绿色农业支持制度。要加快现代农业科技的拓展、培训和应用，提升农村育种栽培、化肥农业减施增效、土壤改良和机械化作业的技术效益，实现绿色产业生态化、产业化，大幅度提升农村绿色产业增加值。另一方面，要优化乡村绿色文化产品供给。乡村中的自然风光、传统村落、历史文化和非物质文化遗产等都是绿色文化产品，在保护基础上开发其生态价值，形成生态文化产业，可以显著增加农民收入。随着城镇化进程的加快，城市绿色生态资源对城镇居民的供给将不能满足其需求，生态产品的稀缺极大提升了乡村生态产品的价值。乡村中清洁的空气、清新的田园风光、多样的地容地貌等越来越多地成为城镇居民所追求的生态福利。乡村应加快休闲、旅游和生态产业发展融合，大力发展生态观光、采摘休闲等生态农业，优化生态产品服务质量，满足民众放松身心、休息休闲的需求，从而获得生态产品货币价值。②

乡村生态振兴要培育乡村生态文化。生态文化是人们在

---

① 徐晓风、刘海涛：《乡村振兴视域下县域生态文明建设的实践路径》，《学习与探索》2024年第2期。

② 刘英杰：《乡村振兴发展背景下生态旅游协调发展问题研究》，《环境工程》2023年第7期。

第五章 生态振兴与工会工作

生产、生活过程中形成的认识自然、处理人与自然关系的物质、精神活动及其结果。当前,中国乡村生态文化还面临着匮乏不足和缺失的问题,乡村生态文化建设的投入及动力还不足。农民是乡村生态振兴的主体和直接受益者,他们的意识和行为直接关系着美丽乡村建设的成效。因此,必须加大对农民生态文明的宣传和教育,加强农民绿色生态意识的培养。一方面,要用农民喜闻乐见的口号、标语、版画、戏曲、村规民约等各种"以文化人"的方式,将生态文明教育融入日常生活,培育保护乡村生态资源、践行绿色生活方式的理念,养成垃圾分类的良好习惯,形成支撑美丽乡村建设、打造绿色整洁人居环境的文化氛围。另一方面,要加强农民生态文明知识培育,加强生态专业知识的普及,同时对加强当地特色生态文化产品的宣传,让农民了解生态文化,热爱生态文化,逐步提升生态文明观念。要用农民看得见、摸得着、受了益的生态产品价值化案例,来逐步培育农民生态观念,主动自觉践行"绿水青山就是金山银山"的理念。要大力弘扬乡村农耕文化,将现代科技与农耕文化相融合,加大对农耕文化的文创开发力度,让农耕文化浸润乡村,培育乡村生态文化。

乡村生态振兴要完善乡村生态制度体系建设。2013年5月,习近平总书记在中共中央政治局就大力推进生态文明建设进行的集体学习时指出:"只有实行最严格的制度、最严密的法治,才能为生态文明建设提供可靠保障。"[1] 长

---

[1] 习近平:《习近平谈治国理政》第一卷,外文出版社2018年版,第210页。

效的生态保护必须靠制度来约束。首先，要完善乡村振兴的制度体系。一方面，要根据乡村生态特点和地域特色，分门别类地制定制度。在土地修复、生活垃圾处理、化学农资废弃包装回收等方面建立严格的约束制度和灵活的激励制度。另一方面，要结合乡村治理的特点，充分发挥村规、民约的约束性作用，将自治、德治和法治相结合，多种渠道结合来建立良好的生态振兴的秩序。其次，要加强乡村生态执法建设。建立健全乡村生态执法队伍，规范乡村生态执法流程，壮大乡村生态执法队伍，提升乡村生态建设执法效果。最后，要完善乡村生态法治监督体系，要完善乡村生态执法监督制度建设，充分调动基层群众对生态执法的监督作用，建立基层群众明确参与执法的制度体系，公布群众参与生态环境执法监督的方式和途径。

（三）参与乡村生态振兴是工会职能发挥的必然要求

实施乡村振兴战略，加快推进乡村生态振兴是一项庞大而系统的工程，需要全方位设计、多主体参与。由于乡村生态环境问题的历史累积性和复杂性，更需要包括工会在内的群团组织的参与。2020年，中央办公厅、国务院印发的《关于构建现代环境治理体系的意见》强调，"工会、共青团、妇联等群团组织要积极动员广大职工、青年、妇女参与环境治理"，这就明确了工会应该发挥其参与环境治理的责任。乡村振兴战略是国家基于全局性考虑做出的一项重大战略，是当前和未来一段时期党和国家的重大任务。《中国工会章程》指出，中国工会要"贯彻创新、协调、绿色、开放、共享的新发展理念""努力促进经济、政治、文化、社会和生态文明建设"。这都明确指出了中国工会应参与到生态文明建设中来。同时，中国工会作为党联系职工和群众的桥梁和纽带，具有动员广大职工群众投身到社会主义生态文明建设中来的组织动员优势，在推动乡村生态振兴实现的实践中必然大有可为。

工会参与乡村生态振兴是生态环境领域问题复杂性的要求。随着工业化程度的发展，生态环境问题日益严峻。高耗能、高排放、低产出的粗放型经济发展方式严重侵蚀了生态环境。[①] 党的十八大以来，生态文明建设取得了历史性成就，但生态修复具有长期性，可能还面临着生态恶化反复性的风险。在乡村，农村绿色生产技术水平总体不高，农民生态环境保护的意识还不强，生态保护的制度供给还不足，乡村生态振兴的任务还很艰巨。传统的政府主导的命令式和控制式的生态环境治理模式已很难完全发挥作用，治理成本也居高不下。发挥非政府组织、社会团体以及企业等在环境治理中的优势，是新时代环境治理领域的必然要求。中国工会作为国家政权的重要社会支柱，被赋予了丰富的政治、法律政策以及物质等资源，既具有其他社会组织不具备的资源优势，又具有其他政府部门不具备的天然的群众优势；在乡村生态文明建设中既能把政府方针、政策和理念贯彻到群众中去，又能精准反应乡村生态振兴的真实情况，而随着乡村工会组织的发展，这种作用会逐步增强。要实现乡村生态振兴，工会职能的发挥不可或缺。

[①] 谷晓芸：《推进乡村生态振兴：现实困境与突破路径》，《农业经济》2023年第12期。

工会参与乡村生态振兴是工会服务于党和国家工作大局的使然。随着中国经济社会的发展，中国工会的职能也在不断调整和完善，但代表和组织职工参与国家事务、动员职工服务党和国家中心工作的职责始终没有变。中国工会承担着团结引导职工群众听党话、跟党走的政治责任。《中华人民共和国工会法》规定，"工会组织和教育职工依照宪法和法律的规定行使民主权利，发挥国家主人翁的作用，通过各种途径和形式，参与国家事务，管理经济和文化事业，管理社会事务"。由此可以看出，工会应该通过"参与"和"管理"两个职能服务党和国家中心工作的开展。此外，《中华人民共和国工会法》还规定，"工会动员和组织职工参加经济建设，努力完成生产任务和工作任务"，工会的"动员和组织"职能也是党和国家赋予工会的职责。乡村生态振兴是一件利在千秋的大事，需要一代又一代人的辛勤努力，需要全体中国人民为之奋斗。中国工会具有较强的群众基础，是广大职工的"娘家人"，能够积极引导和动员广大职工树立生态保护的理念、践行绿色低碳的生活方式，协助国家进行乡村生态振兴，在服务党和国家工作大局中展现担当和作为。

　　工会参与乡村生态振兴具有群众性基础。在生态振兴过程中，群众是美好生态环境的受益者，也是生态环境治理的主体。[①] 习近平总书记强调："生态文明是人民群众

---

① 杨俊、张梦玲、朱臻：《生态振兴促进农民农村共同富裕的结构逻辑、实践模式与经验借鉴》，《农林经济管理学报》2024年第1期。

第五章　生态振兴与工会工作

共同参与共同建设共同享有的事业，要把建设美丽中国转化为全体人民的自觉行动。"[①] 生态振兴需要全体群众参与，需要发挥群众主动性，需具备群众基础。群众性是群团组织的生命线，也是群团组织区别于其他组织的优势。中国工会诞生于群众中，工会职能的发挥都围绕群众开展，都离不开群众。群众作为公民，是绿色低碳生活方式的践行者；群众也是生产者，在生产过程中是绿色生产方式的参与主体。工会积极维护职工群众的劳动安全卫生，为职工群众创造绿色安全的工作环境，动员广大职工积极参与生态环境保护，在生活中践行"绿色低碳"理念。同时，工会在企业生产过程中宣传动员广大职工改进技术，加大创新力度，努力实现在创新绿色中提高生产效益。

工会参与乡村生态振兴具有协商和监督优势。工会代表职工参与企业民主决策和民主管理是工会的一项职能。《中华人民共和国工会法》规定，"工会依照法律规定通过职工代表大会或者其他形式，组织职工参与本单位的民主选举、民主协商、民主决策、民主管理和民主监督"。这表明涉及企业生产活动的重大事项等应该由职工或者其代表大会表决决定，这也为企业工会参与企业民主管理提供了法律依据。企业工业与技术设备的采用和改进、污染物的产生与排放、绿色制造的开发与培育，都需要企业工会参与。对那些能耗高、生产效率低的生产方式，企业工会可以发挥监督作用，督促企业进行改良。随着乡村工会组

---

① 习近平：《习近平著作选读》第二卷，人民出版社2023年版，第173页。

织的壮大，乡村工会参与乡村产业发展的能力水平不断提升，对乡村产业发展的影响力逐渐增强。乡村工会要发挥参与和监督优势，积极推动乡村绿色产业发展，为乡村生态振兴贡献其应有的职能。

（四）提升工会参与乡村生态振兴成效

中国工会参与乡村生态振兴是生态环境领域问题复杂性的要求，也是中国工会服务于党和国家中心工作的使命应然。中国工会应扛牢新时代生态文明建设赋予工会的职责，把生态文明的理念塑入工作中去，加强自身改革，主动自觉地把生态振兴作为工会工作的一项重要任务。中国工会要通过动员广大职工投身于生态振兴，开展群众性绿色技术革新，培训和宣传生态文化，号召职工践行绿色低碳生活方式等，协同推动乡村生态振兴向前发展。

要提升工会团结和发动广大职工参与乡村生态振兴中的思想政治引领作用。工会具有教育和引导职工践行社会主义核心价值观的功能，对职工进行生态文明和乡村生态振兴领域的宣传教育，发动职工从自身做起，树立生态文明观念，在工作中发展绿色生产技术，在生活中践行绿色低碳生活方式，使生态振兴的观念深入人心，凝聚起生态振兴的群众基础，形成生态振兴的合力。要带领职工深入学习贯彻习近平生态文明思想，学习习近平总书记关于生态文明建设的重要论述，多开展生态保护的职工活动，以生动的生态保护现实案例来教育职工。在日常宣传动员中要贴近职工，要使用职工乐于接受、易于接受的方式进行宣讲，特别是对乡村职工群众的宣讲中，要增强切身体

第五章　生态振兴与工会工作

验。例如，在乡村绿色旅游观光活动中，多培养乡村农民导游，让村民亲身总结和讲述身边的故事，把身边的生态蝶变用自身语言来进行呈现，让广大乡村居民成为乡村生态振兴的建设者和宣传者，营造出乡村生态振兴人人参与、人人共建的良好氛围。

要提升工会大力弘扬乡村生态文化的效能。乡村生态文化是在生产生活过程中所形成的人与自然关系的认知，在乡村生态振兴中发挥着引领作用，能够起到"润物细无声"的效果，[1] 工会是与广大职工群众联系最为紧密的群团组织，在弘扬乡村生态文化中不可或缺。各级工会要根据自身实际，开展丰富多彩的弘扬乡村生态文化活动。一方面，工会可以开展丰富多彩的乡村生态文化活动。例如，面向职工开展生态文学征文活动，鼓励员工开展生态文学创作，鼓励更多优秀员工在休息、休假期间，深入乡村生态文明实践一线，以优美的笔触描绘乡村生态美丽画卷，结集出版优秀生态文学作品；开展乡村生态书画比赛，通过临摹和创作乡村生态书画，培养乡村情怀。另一方面，工会可以联合相关部门制作乡村生态文化产品。开发乡村生态玩偶、吉祥物、表情包等文创产品，以生动活泼的形象宣传乡村生态之美，传播保护乡村生态的理念，营造保护乡村生态环境的良好氛围。

要加强乡村生态振兴示范引领中的工会组织功能。示

---

[1] 于中鑫、李银兵、甘代军：《中国式现代化视域下乡村新生态文化建构研究》，《石河子大学学报》（哲学社会科学版）2024年第1期。

范引领向来是党和国家推进各项工作的重要抓手。《中国工会章程》规定，工会具有"组织职工开展劳动和技能竞赛、合理化建议、技能培训、技术革新和技术协作等活动，培育工匠、高技能人才，总结推广先进经验"的职能。开展乡村生态振兴领域劳动模范的评选和表彰，举办乡村绿色生产技术领域的劳动技能竞赛，推广乡村绿色生产技术是基层工会需要履行的职责。一方面，基层工会在劳模、工匠评选过程中要根据实际情况，应不同程度地把节能减排、低碳环保、绿色技术创新等因素考虑在内，大力开展乡村生态振兴领域的劳动模范、工匠的评选活动，广泛宣传其先进事迹，引导更多职工广泛参与到乡村生态振兴中来。另一方面，基层工会应组织职工开展绿色生产技术革新领域的劳动技能竞赛。要精心设计竞赛主题，围绕"乡村绿色技术革新""乡村高效农业"等领域，以竞赛提升绿色生产技能、培育绿色生产意识、凝聚绿色生产共识，引导和激励职工在生产、生活过程节约节能、绿色低碳。最后，基层工会要建好乡村劳模创新工作室。要发挥好桥梁和纽带作用，利用劳模工作室团队优势，开展合作、协作，共同解决农村绿色产业发展难题，满足农村产业技术培训、攻关、创新、技能提升等多元化需求，推动科研成果就地转化为现实生产力。

要加强工会在乡村生态振兴中的协商与监督作用。知情权、参与权、表达权与监督权是职工参与企业民主管理的基本权利，也是工会工作的重要内容。基层工会特别是乡村工会，要积极搭建职工参与企业或乡村绿色生产决策的平台，保障职工在生产中的决策参与权，从而调动职工

第五章　生态振兴与工会工作

生产的积极性与主动性。基层工会要引导和培养职工绿色生产的问题意识和创新意识，及时把生产中的好建议、好点子向企业反馈，提出合理化建议。乡村污水处理、垃圾处置等人居环境整治事项都要征求乡村职工意见；乡村基础设施建设、乡村生态文化挖掘都要发挥乡村职工的创造性和主动性。同时，基层工会还要监督企业在贯彻党和国家在生态振兴领域有关法律、法规的贯彻执行情况，督促企业落实生态绿色理念，协助企业创新和发展绿色生产技术，改进生产设备。工会要督促企业绿色、安全生产，保障企业职工的生产安全和身体健康，对企业侵害员工身体健康的行为要进行依法制止，督促企业进行纠正。依法参加企业安全生产事故和职业病危害事故的调查处理。

要加强工会在乡村生态产业发展中的促进作用。乡村生态要振兴，不但要打造美丽宜居的乡村生态环境，还要利用乡村生态资源，发展乡村生态产业，促进农民增收。近年来，随着乡村生态环境的恢复，乡村生态产业蓬勃发展，各级工会组织在促进乡村产业振兴的舞台上大有可为。一方面，各级工会要推动产业工人队伍建设改革向现代农业产业园延伸推进，培养高素质乡村产业工人队伍，发展乡村绿色产业集群，推动乡村高效农业综合体建设，培养乡村生态产品，开发生态资源的价值。另一方面，各级工会要利用桥梁纽带优势，组织规划设计、农业技术、乡村旅游、环境保护等领域的专家学者开展更多的乡村生态振兴的服务活动，为乡村生态产业发展提供智力、技术支持，培训更多的乡村本土人才。此外，各级工会还要发挥自身的群众优势，助力乡村生态产品开发和宣传。例如，为农村生态产品推广培养电商人才，协助乡村策划生态产品营销，多种形式帮助推介本地优质农产品等；打造以特色乡村、古街古镇等为主题的精品疗休养线路，组织劳模先进和一线职工到乡村疗养，开展会员优惠购等活动，助力实现乡村生态产品价值化。

【知识链接】
拓展"绿水青山就是金山银山"转化路径
促进乡村生态振兴

生态振兴是乡村"五大振兴"之一，是乡村振兴战略和生态文明建设战略的重要结合点。良好的生态环境是农村最大优势和宝贵财富。农村生态环境好了，土地上就会长出"金元宝"，生态就会变成"摇钱树"，田园风光、湖光山色、秀美乡村就可以成为"聚宝盆"，生态农业、森林康养、乡村旅游等就会红火起来。

乡村振兴要加强乡村生态保护修复，持续改善农村人居环境，把生态治理和发展特色产业有机结合起来，做大做强有机农产品生产、乡村旅游、休闲农业等产业，拓宽"绿水青山"转化"金山银山"的路径，实现生态"含金量"和发展"含绿量"同步提升。

探索"生态修复+"模式，提升乡村生态福祉。该模式针对自然生态系统被破坏或生态功能缺失的乡村地区，统筹生态修复和生态惠民，坚持山水林田湖草沙一体化保护和系统治理，因地制宜发展惠民产

第五章 生态振兴与工会工作

业,将生态修复与生态产业发展相结合,在恢复生态系统功能和增加生态供给的同时,将生态产品的价值附着于农产品、工业品、服务产品的价值中,实现百姓富、生态美的有机统一。例如,江苏省徐州市贾汪区将潘安湖采煤塌陷区建成国家湿地公园,为周边区域提供优质生态产品,并带动产业绿色转型与乡村振兴,实现生态、经济、社会等综合效益。

探索"环境整治+"模式,打造宜居宜业和美乡村。该模式针对人居环境"脏乱差"的乡村地区,学习运用"千万工程"经验,以实施农村人居环境整治工程为抓手,以建设和美乡村为导向,统筹推进环境整治与设施建设、产业发展、乡风文明等,解决与农民生产生活息息相关的厕所、污水、垃圾等关键小事,提升乡村美丽"颜值",培育特色生态产业,让"好风景"成为乡村振兴的"好钱景"。例如,浙江省湖州市安吉县通过 20 多年持续实施"千万工程",把全县所有村全部打造成美丽乡村。同时,积极发展观光旅游,推动茶产业等相关产业发展,探索走出一条绿色低碳高质量发展的乡村振兴之路。

探索"生态农业+"模式,推动乡村产业融合发展。该模式针对农业面源污染突出的乡村地区,按照生态工程学原理,推广种养结合、生态健康养殖等方式,推进农业资源利用集约化、投入品减量化、废弃物资源化、产业模式生态化;同时,依托优质农产品、优美自然环境、特色文旅资源等,实施农文旅深度融合工程,发展特色生态产业,打造乡土特色品牌，发展生态旅游新业态，增加农产品附加值和农民收入，推动三大产业融合发展。例如，江苏省苏州市吴中区金庭镇依托区位优势、特色产品和历史文化，发展生态农业，打造洞庭山碧螺春等品牌，培育农事体验和文化旅游，实现农文旅深度融合发展。

探索"清洁能源+"模式，增添乡村绿色新动能。该模式基于清洁能源丰富、土地资源充沛等优势，通过实施农村光伏、生物质能等清洁能源项目，推动清洁能源优势转化为产业发展优势，带动百姓就地增收致富，助力国家"双碳"战略。在"光伏+"模式方面，利用建筑屋顶、院落空地、设施农业、集体闲置土地等，通过屋顶光伏、农光互补、牧光互补、渔光互补等方式，推进光伏发电发展，为乡村振兴注入绿色新动能。在生物质利用方面，利用畜禽粪便、秸秆等，发展生物天然气和沼气，助力改善人居环境，服务取暖用能。例如，海南省文昌市翁田镇王堂村的农光互补项目，通过"光伏+产业"跨界整合，在提供绿色电力的同时，将光伏板下撂荒地开发成蔬菜基地，既提升土地资源效率，又带动村民"家门口"就业。

二　工会组织助力生态振兴的主要举措与实践案例

建设生态宜居美丽乡村是全面推进乡村振兴战略中的关键。乡村生态振兴旨在保护和改善农村生态环境、提高

第五章　生态振兴与工会工作

农村居民生活质量、实现乡村绿色发展，但在实际推进过程中仍然存在诸如农民群众生态意识不强、农村环境治理难度大、乡村绿色产业发展不足等一些现实挑战。工会作为党的群团组织拥有雄厚的群众基础，在调动群众开展生态环保工作积极性、组织职工参与乡村环境治理和扶持乡村绿色产业发展等多个方面具有独特的优势。

全国各地工会组织发挥自身优势，通过开展环保宣传教育活动、参与乡村人居环境治理、组织职工参与环保志愿服务、推动乡村绿色产业发展等多种形式，助力美丽乡村建设，促进生态和谐发展。

（一）引导群众树立绿色发展理念

针对乡村群众生态意识不强的现实问题，工会组织通过开展各类宣传教育活动，宣讲习近平生态文明思想，宣传低碳生活绿色发展理念，使农民群众认识到保护生态环境的重要性。通过举办培训班、讲座、环保主题大赛，或悬挂横幅、发放宣传资料等形式，普及生态环保知识，提高群众生态文明素养，让生态宜居理念深入人心。此外，在乡村绿色旅游观光活动中，多培养本土导游，让村民用发生在自己身边的故事、自己亲自参与的实践，讲解生态赋能乡村发展带来的蝶变，让广大人民群众成为生态文明制度体系的参与者、建设者、践行者和宣传者，形成绿色环保、低碳循环的生活方式和消费模式，养成保护环境的自觉行动，营造出乡村生态振兴人人参与、人人共建的良好氛围。

重庆沙坪坝区青木关镇总工会为了增强群众对垃圾分

类知识的了解，让更多的居民参与实践垃圾分类的行动中来，倡导关爱自然、节约资源、爱护环境的文明风尚，结合农村人居环境整治宣传，召集青年志愿者在管家桥村开展"垃圾分类新时尚"活动。通过知识讲解、有奖问答等形式向大家科普什么是垃圾分类，使广大群众进一步认识到垃圾分类的重要性，认识到垃圾分类要从现在做起、从我做起，让"绿色、低碳、环保"的理念深入人心，促使广大居民养成保护环境的意识和良好习惯。

浙江台州金清镇总工会深入各村（居）及企业园区，以"垃圾不落地、污水零排放"为主题，向广大职工群众宣传生态环境的发展理念，详细讲解了美丽乡村建设的知识，引导广大职工群众在工作生活中能从自身做起，全面推进垃圾分类及其污水治理，并通过发放倡议书的形式号召广大干部职工群众参与到美丽乡村振兴中来，做美丽乡村的建设者、维护者、监督者。

江苏省总工会积极助力联建村生态振兴，结合全省工会助力生态文明建设思想引领、劳动竞赛、科技创新、节能减排、素质提升、绿色生活"六大行动"，引导村民积极投身农村人居环境整治，共同开展生态系统治理，提供更多绿色优质生态产品。

（二）参与乡村人居环境治理

生态宜居的美丽乡村不仅要有蓝天白云、绿水怡人的美景，还要有完善的基础设施和便利的人居条件，包括完善的水电气设施、电子商务、污水处理设施、垃圾处理设施、厕所卫生设施、路灯、文体娱乐、医疗保健及养老场

第五章 生态振兴与工会工作

所等,乡村人居环境治理是一项系统工程,涉及面广、任务重、工作量大,需要多个部门协同推进。工会组织积极参与其中,通过参与制定规划、多方筹措资金、组织物资捐赠、动员职工群众积极参与等多种形式,在乡村人居环境治理工作中发挥出应有的作用。

江苏常熟市总工会筹措资金24.2万元,完成修建常福街道明晶村"劳动路",解决了多年来困扰望虞河以北村民出行不便的问题。三年来,常熟各级工会共计开展农村环境整治活动50余场次,600多名(次)劳模参与其中,在各级工会的助力下,一幅幅村景旧貌换新颜,一座座村庄焕发新活力。

河南安阳北关区总工会参与乡村环境治理,坚持每周组织全体机关人员和职业化工会干部到分包村进行义务劳动,治理"六乱"、开展"六清";向东石桃村捐赠垃圾清运资金5000元,为李桃村购买价值9800元的电动自卸垃圾清运三轮车1辆和价值近千元的铁锹、扫帚等劳动工具。同时,发挥好桥梁和纽带作用,大力动员全区劳动模范、先进工作者、五一劳动奖章获得者和五一劳动奖状获奖单位、获得工人先锋号称号的先进集体积极投身农村人居环境整治行动中,在实施乡村振兴战略中充分发挥劳模精神、劳动精神、工匠精神,展现新风采、新担当。在北关区总工会的统一组织下,各级劳模、先进工作者主动作为,结合自身优势、村庄实际及整治目标任务,有的放矢参与农村人居环境整治。省级五一劳动奖状获奖单位安阳洹河保安服务有限公司帮扶彰北街道李桃村的道路硬化工程全面开工,工程造价15万元,硬化道路230米,清除垃圾堆放点 3 个，新增健身场地 1 处。区级劳动模范、河南福泰建筑公司总经理李志刚安排铲车、渣土车，帮助李桃村清理长年堆放的建筑垃圾 200 余吨。市级劳动模范、河南开祥建筑集团有限公司董事长王长征带领职工向柏庄镇长青屯村捐赠并种植价值 1 万元的红叶石楠 400 棵。区级劳动模范、中复连众安阳公司总经理赵磊带队在柏庄镇招贤村种植红叶石楠 300 棵，对村中道路进行绿化、美化。

浙江绍兴越城区总工会深入城南街道任家塔社区，"三措并举"主动参与乡村振兴和社区发展治理。一是着力加强宣传教育，帮助建立并完善激励机制。区总工会全体党员挨家挨户对村民进行垃圾分类知识科普宣传，对村保洁员、卫生监督员等垃圾分类的"中坚力量"开展培训。并帮助建立激励机制，通过发放日用品、表扬信等方式，对较好贯彻垃圾分类做法的村民进行物质与精神奖励，抓好思想源头上的重视。二是着力清理小广告和牛皮癣，揭掉农村环境里最顽固的"狗皮膏药"。开展"小广告和牛皮癣"专项清理活动，与任家塔社区居委会共同结对处理，加大对违法违规广告的清理工作，并且将此项工作常态化，定时加大巡查力度，严厉查处各类违法违规设置广告的行为。三是完善垃圾末端回收处理，将垃圾分类处理落到实处。现场帮助村民对垃圾进行分类，厘清可回收垃圾、厨余垃圾、有害垃圾及其他垃圾，把垃圾投入相应的垃圾桶内。以此加大农村垃圾治理，提升农村人居环境，助推乡村振兴。

江苏盐城亭湖区总工会助力发展黄尖镇兴农村潮间带艺术村，成为工会助力乡村振兴的典型。潮间带艺术村东

第五章 生态振兴与工会工作

邻国家级珍禽保护区和丹顶鹤湿地生态旅游区，西接3万亩国有盐城林场，北靠新洋港生态渔港小镇，位于世界遗产地——中国黄（渤）海候鸟栖息地（第一期）的核心区域。该村借助工会基层组织建设在资源配置、会员队伍、能力建设方面的职能优势，通过村企互动联建、劳模工匠引领、乡村人才培养、精准帮扶助困等举措实现以"工"促农的发展腾飞，从往昔渔村变成文农旅融合艺术村，曾经的渔民也转身上岸成为配套服务的产业工人。目前，该村通过工会、党建、艺术、文旅、研学等多元产业融合，搭建起多样化的产业交流平台，中国书法家协会等140余名书画名家加盟入驻，百余位建筑师、设计师、艺术家来到这里潜心创作，塑造了与自然共生、与艺术共鸣、与美共栖的诗意家园。

（三）组织职工参与乡村环保志愿服务活动

工会是目前会员人数最多的群团组织，全国各级工会组织发挥自身独特的优势，组织广大职工会员参加乡村植树造林、清理垃圾、保护水源等环保志愿服务活动，让职工在实践中增强环保意识，为乡村生态振兴贡献力量。

云南省宜良县总工会组织企业、职工深入当地乡村，积极广泛参与乡村振兴工作，连续4年组织劳动模范代表、职工志愿者开展义务植树活动，以劳模精神和劳动精神引领广大职工投身到宜良县生态文明建设中来，同时积极开展垃圾分类宣传活动、"众参与、清垃圾"爱国卫生活动等，打造"望得见山、看得见水、记得住乡愁"的农村，在此基础上组织"职工乡村游"活动，以职工旅游带动乡村旅游经济发展，形成良性循环，激活乡村旅游自身造血，以实际行动践行了"绿水青山就是金山银山"的绿色发展理念，推动乡村早日走上绿色、可持续发展之路，并搭建第三方服务平台，打造乡村特色品牌，打通乡村特色产品流通渠道，调动各方资源助力乡村振兴，让"绿水青山"颜值更高、"金山银山"成色更足。

2020年，江苏常熟"千村美居"工程启动后，常熟市总工会号召常熟16个领域的劳模志愿服务队积极参与农村环境整治，助推"千村美居"工程提挡增速，"环境美化我先行""劳模先锋领航行动"等特色活动蓬勃开展。例如，在省劳模袁祖成的提议下，碧溪街道李袁村的李袁路、青年路两侧均安装反光栏杆，惠及周边152户农户、1300多名村民，美化村庄的同时也方便老百姓出行。

河南洛阳市总工会实施工会助力乡村生态振兴专项行动，发动各级工会组织开展经常性的生态保护志愿服务活动，动员组织广大职工深入开展节能减排竞赛活动，鼓励劳模、先进集体积极参与农村人居环境整治，利用个人和企业技术优势，在农业面源污染防治，土壤污染、地下水超采、水土流失等治理和修复中献计出力。此外，洛阳市总工会开展"乡村振兴劳模出彩行动"，全市各行各业劳模先进在推进乡村生态振兴中的示范、带动、引领作用日益凸显，涧西区周天百货企业家劳模周天杰出资20万元用于家乡村庄的河道治理、污水排放等，改善村容村貌。

浙江平湖市总工会将全市20万名企业职工凝聚起来，进一步助力乡村振兴战略实施，推出"三美创建"，即创美丽厂区、建美丽车间、做美丽职工，以"深化'星级三

第五章 生态振兴与工会工作

美'助力环境整治"百日攻坚行动为契机,在全市组建了1356支生态环境职工志愿服务巡查队,启动"垃圾分类减量我先行"活动,开展以推广一批菜篮子、组建一批巡查队、开展一次样板厂区评选等"六个一"活动。近日,包括浙江伴宇实业股份有限公司在内的20家垃圾分类样板厂区出炉,有效引导广大职工投身垃圾分类实践。

安徽省安庆市大观区总工会、海口镇工会联合会积极组织志愿者前往河港社区开展"五清四乱"环境提升整治专项行动,助力美丽乡村建设,促进农村人居环境提升。活动中,志愿者们沿途向村民群众发放宣传资料,宣传环保知识,提高环保责任意识,与当地群众一道对社区道路河岸进行清理打扫,积极引导群众树立保护河湖的生态文明意识,带动广大村民自觉摒弃不讲卫生、乱扔杂物的不良习惯和不文明行为,培养良好的卫生意识,守护好生长生活的家园,促进海口镇乡村振兴和社会生态和谐发展。

福建多地工会打造"劳模林",龙岩市上杭县总工会连续多年组织开展劳模植树活动,目前,在才溪镇发坑村的"劳模林"已植树上千棵,成林近10亩。自2020年以来,福鼎市总工会在柏洋村打造劳模植树基地,发挥各级劳模在共建绿色生态家园中的模范带头作用,3年来已种植各种苗木500多株,形成一道亮丽的风景线。"劳模林"建成后,福建各地工会每年组织各级劳模工匠开展义务植树和"劳模林"养护活动,既为各级劳模相互交流提供了平台,又发挥了劳模工匠在保护生态环境、推动绿色发展中的引领示范作用。

（四）推动乡村绿色产业发展

丰富的自然资源和生态环境是乡村绿色产业发展的"宝库"，推动乡村自然资本增值，让生态环境优势充分转化为经济发展优势，使"绿水青山"价值更高，从而促进乡村生态经济发展，成为实施乡村振兴战略的重要内容。各地工会组织积极推动乡村绿色产业发展，探索"生态+产业"发展模式，如生态旅游、生态种养、康养等，实现绿色资源的产业化、资本化，让"青山绿水"成为农村可持续发展的动力源泉，提升农村居民的获得感。

广东省珠海市总工会发布《珠海工会助力"百县千镇万村高质量发展工程"若干措施》，推出"十项举措"，充分发挥在助力实施"百千万工程"、助推乡村旅游产业振兴发展中的工会作用，激发广大职工积极参与促进城乡区域协调发展的积极性、主动性和创造性。在乡村旅游和疗休养方面，围绕红色教育、绿色生态、蓝色海洋及镇村企业等内容，珠海工会为职工规划了10条参观旅游路线，每季度定期发放"职工乡村游"消费券。选取符合职工（劳模）疗休养条件，将乡镇文旅度假综合体、红色党史国情教育点、乡村振兴聚集点、特色（风情）小镇等纳入职工（劳模）疗休养线路，鼓励劳模、职工到乡村开展2天1晚的疗休养活动；珠海市、区两级工会将安排1000万元作为基层工会组织职工疗休养活动的补充经费，并组织一批劳动模范和各行各业的优秀职工参加疗休养活动。同时，邀请香港工会联合会、澳门工会联合总会组织会员参与乡村旅游和疗休养活动，

第五章　生态振兴与工会工作

参观乡村旅游景点，感受优秀传统文化、品尝乡村特色美食、开展乡村生活体验。

浙江金华磐安工会深耕疗休养市场，助推乡村绿色产业发展。近年来，磐安县总工会与县文广旅体、农业农村等部门紧密合作，推出"百名工会主席、千名劳模、千家旅行社走进磐安"等活动，通过"走出去""请进来""点对点"等方式推介疗休养基地，不断创新宣传和推介疗休养方式，取得了较好的业绩。磐安县总工会点对点上门到绍兴文理学院、绍兴联通公司、柯桥区总工会、湖州市工人文化宫、苏州市工艺美术学院、无锡江南大学等单位，进行面对面的宣传和推介。借机细化政策对接，建立深度合作的发展新路径，提供个性化休闲疗养线路。同时，积极推介磐安旅游资源，邀请各地的工会主席前往磐安实地考察和体验，取得了不俗的反响。

浙江平湖市总工会将"美丽乡村"变成"美丽经济"，打造一批产业美、生态美、人文美、发展美为特点的精品节点。为带动美丽经济发展，市总工会在全市范围内推出了首批8个"金平湖"美丽乡村职工疗休养基地，并将乡村节点、3A级景区村庄、精品村连点成线，打造4条职工疗休养风景线。同时，在发掘传统地方菜的基础上，推出8个乡村家宴文明菜单，提倡节俭办宴、节俭办节，倡导形成新时代文明新风。

河南洛阳市总工会挂牌成立嵩县气象局"李志锋创新工作室"，把科技创新落实到产业上，助力乡村产业的发展壮大。依托"李志锋创新工作室"，利用嵩县佛泉寺村"两山夹一川"自然隔离条件等气象生态优势，建成

"气象助力乡村振兴产业基地",成立"嵩县德亭镇佛泉寺村辣椒种植行业工会联合会",共同打造高效农业产业的"气象+"模式,引领乡村振兴农业产业繁荣发展。2023年佛泉寺村"辣椒外繁制种农场项目"再获丰收,年总产值达136余万元,其中,村集体收入10万余元,种植户平均收入12万元,实现了村集体和群众"双增收"目标。

【经典案例】

河南安阳市总工会:劳模助力人居环境治理

河南省安阳市总工会持续推进改善镇村人居环境,2022年,组织动员1559名劳模、五一劳动奖章获得者和341家先进单位踊跃投身劳模助力农村人居环境整治行动,各级劳模、先进个人和集体捐款捐物共计2621万元。同时,联合市农业农村局开展"百名专家劳模"助力农村人居环境标准化建设大宣讲活动,为市直单位分包村环境整治提供方法和标准。

在窑头村,各级劳模先进捐赠水泥1200余吨、捐款10多万元、捐文体器材20台套,带动窑头村党员群众、社会各界人士纷纷捐款,完成村内背街小巷硬化近5万平方米、沥青路面铺设约1万平方米、下水管网改造1640米、外立面改造约4万平方米、强弱电线路改造约5000米。在栗园村,各级劳模先进及社会力量直接或间接投资1376.86万元,改善了530户村民吃水和用气条件。

此外,安阳市总工会协调专业人员,以及文旅产业方面专家,强力推动村庄建设规划和产业发展规划编制,以"美丽水乡洹畔窑头"为发展定位的《林州市横水镇窑头村村庄建设规划》完成审核和备案,力争帮助栗园村实现集体经济年收入50万元、村民年收入10万元。

(资料来源:根据《河南工人日报》2022年9月23日第3版刊登文章《安阳:工会聚力改善农村人居环境》整理)

【经典案例】

山东烟台蓬莱:工友创业园"绿色农业"低碳发展

围绕农业劳模助力乡村振兴,蓬莱区总工会深挖劳模"领头雁"作用,近5年来,建设20家工友创业园。创业园围绕蓬莱主导涉农产业,独具乡土特色,积极推进"农业+旅游"发展理念,以绿色农业发展助力乡村振兴。

20个创业园,每一个都特色鲜明,每一个都独具匠心。如,丘山谷创业园是蓬莱最早建设的创业园之一,总面积34平方千米,涵盖了一个省"最美乡村"、5个蓬莱"美丽乡村",先后吸引苏格兰、拉菲、弘辰百诺、逃牛岭等6个欧洲风情的酒庄和1个酒业博物馆来此集聚发展。总投资约14亿元,规划项目20多个,建设标准化葡萄基地6700多亩,吸纳800多名农民工就业。再如,昊林创业园,集果品种植、采购、储藏、加工和销售为一体,自建标准化苹果种植基地,并与深圳百果园长期合作,在全国41

个城市与地区开设了 2800 多家门店，"一苹坊""Farmboy"品牌远销国内外，年销售额 2.3 亿元。

蓬莱区总工会在深入调研的基础上，成立工友创业联盟，把分散的创业园串起来，让各创业园有了主心骨，在技能培训、资源渠道、资金扶持等方面资源整合、相互赋能、共谋发展。同时，蓬莱区总工会为每个创业园聘请高级技术人才担任常年驻园导师，每月进园进行指导，并根据创业园实际需要开展各类讲座，突出绿色化、优质化、特色化、品牌化，加快农业科技创新和技术推广，打造高品质、有口碑的创业园"金字招牌"。

（资料来源：根据中工网 2023 年 10 月 18 日刊登文章《烟台蓬莱：工友创业园点亮金秋丰收季》整理）

【经典案例】

湖北襄阳：工会助力华岗村精彩"蝶变"

曾经因上了创文"黑榜"而出名的湖北省襄阳市襄城区卧龙镇华岗村，在卧龙镇党委和区总工会驻村工作队的不懈努力下，以建设"村庄美、产业旺、农民富"的幸福美丽家园为落脚点，走出了一条新时代的乡村振兴之路，实现精彩"蝶变"。

襄城区总工会驻村工作队和华岗村"两委"始终坚持以人民为中心，将"美好环境与幸福生活共同缔造"理念融入美丽乡村建设过程，充分发动村民群众，将"要我参与"变成"我要参与"。按照"党支部＋议事小组＋村民代表"的模式和"入户收集—讨

第五章 生态振兴与工会工作

论评议—修改完善—决策实施"的工作方法,积极搭建"共商共议平台",全面发动群众参与到人居环境整治、美丽乡村建设、产业培育发展中来。

为了解决资金问题,区总工会驻村工作组积极提供资金、资源和技术支持,本村村民也自发捐款。同时,坚持"筹众钱多办事,聚合力办成事,花小钱办大事"的建设理念,千方百计挖潜资源、聚合力,除村集体积累和成功人士赞助,华岗村还向上争取到一般债券资金500万元用于美丽乡村建设。

华岗村以美丽乡村规划为蓝图,突出村组道路、垃圾治理、厕所革命、污水治理、村庄绿化、村庄亮化等六项重点任务,本着随坡就势、就地取材和"缺什么补什么"原则,努力实现"修一条道路、美化一片环境、富裕一方百姓"的目标。通过拆除废圈舍、废厕所、废墙墟、农户房屋、附属房等私搭乱建违法建筑,消除安全隐患,提升村容村貌;着力补齐基本公共服务短板,提档升级村党员群众服务中心,规范建设新时代文明实践站,新修建大三格式生态污水处理系统,硬化、扩宽、刷黑道路,安装路灯,建设"小三园",新栽植绿化苗木;完善综合文化服务中心、群众文体活动广场、标准化村卫生室、便民服务室、图书室、村民教育活动室、宣讲活动室、科普活动室、文化活动室、医务室等公共设施,让村民在家门口享受便利服务。

依托自身区位优势,结合自然地理特征,华岗村引进裹如意果蔬采摘园和裹约小美多肉入驻,发展生态有机水果种植采摘、多肉植物生产批发、休闲农业观光体验、乡村特色旅游等。两个项目年产值达760万元，带动本村80人实现了家门口就业，人均增加务工收入6000元，村集体经济增收5万元，影响带动一批农户转变发展理念，参与到特色农业种植上来。

（资料来源：根据荆楚网2022年12月9日刊登文章《襄阳襄城工会助力美丽乡村建设　让华岗村从"黑榜村"到"红榜村"》整理）

【经典案例】

广东："工会林"助力绿美乡村生态建设

为深入贯彻习近平生态文明思想，推进绿美广东生态建设，助力实施"百千万工程"，广东省总工会广泛动员职工群众参与义务植树，传播绿色环保理念，普及生态文明知识，推动全省"工会林""劳模林"建设，积极打造工会系统造林绿化工作品牌，营造全社会广泛参与植树造林的良好氛围。2023年以来，广东省各级工会组织近3万名干部职工，投入资金近700万元，建设"工会林""劳模林""劳模工匠林"近40个，面积1万余亩，种植树木近15万株。

河源市总工会联合广东省总工会，在义和镇下屯村共建工会林254亩，种植树木近2万棵，是广东工会目前建成的最大工会林；同时联合各县（区）总工会在市客家公园栽种树木近300棵，有效带动各级工会积极推动绿美河源生态建设。

汕头市总工会结合乡村振兴，组织开展"百万职

第五章 生态振兴与工会工作

工投身绿美汕头生态建设植绿护绿扩绿行动",组建职工植绿护绿扩绿行动队共205支,总人数超过2000名,带动职工干部履行植树义务,参与多场次植树造林活动,在生态文明建设中展现工人阶级主力军风采。汕头市总工会也不断加大经费投入,截至2024年3月已划拨74万元,用于常年推进职工植绿护绿扩绿行动。

广东省总工会派驻村第一书记发挥"头雁"作用,积极发动村民种植苗木,发动有为乡贤捐款、捐树支持参与绿美建设,并印发生态建设倡议书送至每家每户,营造全民"爱绿护绿植绿兴绿"的良好氛围。在省总驻镇工作队的助力下,阳春市石望镇域内绿化美化重要点位近20个,共计种植各类树苗木1万多棵,打造"人大林""工会林""乡贤林""青年林""巾帼林"等一批主题林,高质量推进乡村绿美工作。

(资料来源:根据《南方工报》相关新闻报道整理)

第六章

组织振兴与工会工作

党的二十大报告擘画了以中国式现代化全面推进中华民族伟大复兴的宏伟蓝图，对推进乡村振兴工作做出了全面的系统部署。要实现乡村振兴，组织振兴是保障，是促进乡村振兴的内生动力。只有乡村组织振兴了，乡村振兴才有了组织力、凝聚力和向心力，乡村人才才能"聚"起来，乡村产业才能"旺"起来，乡村文化才能"火"起来，乡村生态才能"美"起来。党的乡村振兴战略要得到更为有效的贯彻和落实，必须依靠强有力的乡村组织。乡村工会作为乡村组织的重要组成部分，在实现中国式现代化、全面推进乡村振兴的征程中承担着重要的历史使命。

一 组织振兴是乡村振兴的保障条件

（一）以组织振兴引领乡村全面振兴

乡村振兴是一个多层次、多主体、多目标的系统战略工程，涉及产业、文化、人才、生态和组织五个方面，是需要系统谋划、统筹推进的重大工程。党的十九大报告针对乡村振兴提出了"产业兴旺、生态宜居、乡风文明、治

第六章 组织振兴与工会工作

理有效、生活富裕"的总体要求。党的二十大报告指出，要加快建设农业强国，扎实推动乡村产业、人才、文化、生态、组织振兴。这都为全面推进具有中国特色的乡村振兴明确了目标方向和实现路径。要贯彻和落实好这些目标，离不开乡村基层党组织的统筹引领，离不开乡村经济组织和社会组织的深度参与。组织振兴不仅是乡村振兴的目标，又是乡村振兴的根本保障。实现乡村产业振兴就是要丰富农村物质基础，解决农村物质基础不能满足农村居民日益增长的美好生活需要的问题；实现乡村人才振兴就是要聚集乡村"人气"，解决农村留不住人、缺少人才、缺乏活力的问题；实现乡村文化振兴就是要提升乡村文明程度，丰富乡村文化生活，解决乡村居民"脑袋空"的问题；实现乡村生态振兴就是要落实"绿水青山就是金山银山"的绿色生态发展理念，解决乡村绿色可持续发展的问题。[①] 实现组织振兴就是要构建和完善新时代乡村治理体系，解决乡村发展的内生动力和引擎问题。组织振兴是乡村振兴的压舱石，为乡村产业振兴、文化振兴、生态振兴和人才振兴掌舵领航，并提供可持续发展的源源不断的内生动力。

乡村组织振兴应构建乡村多种组织繁荣发展的良好格局。乡村组织主要包括农村基层党组织、村民自治组织、农村集体经济组织、群团组织、农村经济组织和社会组织等。农村基层党组织是加强党对农村工作领导的组织延

---

① 郭元凯、谌玉梅：《组织振兴：构建新时代乡村治理体系》，中原农民出版社2020年版，第3—4页。

伸，是全面贯彻党的乡村振兴战略、引领乡村各项事业发展的关键；村民自治组织是农村居民参与乡村事务、维护乡村发展的主要力量，也是发挥基层民主、调节农村纠纷矛盾的组织细胞；农村群团组织是联系农村各层次居民最直接的又一个基础性组织，是党联系群众的桥梁和纽带；农村经济组织和社会组织是满足生产力需求，提高生产效率，以生产关系变革为前提所形成的自发性组织。多种乡村组织的繁荣和发展增强了乡村基层组织力量，提升了乡村扁平化和网格化管理的效率，降低了乡村管理的"交易成本"，激发了乡村发展的内生活力。乡村多种组织要繁荣发展，需以全面推进乡村振兴为战略目标，构建多主体协同的乡村治理新格局。明确职责，发挥自身优势，形成既有各自特色又相互补充的发展态势是多种乡村组织繁荣发展的必然路径。从协同发展的理论来看，各种乡村组织在组织资源配给、物质资源供给、人力资源配置等层面各有优势，相互协同才能发挥出最大效益。在协同的过程中，应深入分析各种组织的性质、职责及优势，既要加强协同治理的制度化和法治化建设，避免协而不同；又要加强组织的专业化和智能化水平，避免协同却无力。只有构建各种组织协同发展的良好局面，乡村组织才能繁荣发展。

乡村组织振兴必须要发挥农村基层党组织的核心领导作用，夯实农村基层党组织建设，抓好乡村振兴中的政治引领作用。农村基层党组织是党在农村的神经末梢，是党的农村工作的战斗力基础和先进性体现，是党紧密联系农村群众的载体，在全面推进乡村振兴战略中发挥着强基固

第六章　组织振兴与工会工作

本和战斗堡垒作用。要坚持乡村基层党组织的领导地位不动摇，打造千万个先进的基层党组织，团结和带领亿万乡村职工在推进中国式现代化的征程中，实现乡村全面振兴。乡村基层党组织这个"火车头"跑得快不快，关键靠党员骨干群体。要选拔有知识、有文化、愿意奉献，具有较高政治素质的优秀党员担任乡村党组织负责人，点燃乡村振兴加速器的引擎，凝聚乡村振兴的强大动力。释放乡村基层党组织动能，还需要夯实基层党组织制度建设，不仅要抓实乡村基层党建工作责任，细化分解好任务清单，使基层党建成为看得见、摸得着的具体要求。还要强化基层党建责任考评，把抓好乡村民生改善、群众满意作为考核方向，激励党员干部以更加务实、担当的作风投入乡村全面振兴中来。[①]

乡村组织振兴需完善和健全村民自治组织在农村自我管理、自我教育、自我服务和自我监督中的作用机制。广大农民是乡村振兴的直接受益者，也是乡村振兴的主体力量，其积极性和主动性关乎着乡村振兴的成败。通过村民自治组织协商乡村发展中的各种事项，不仅能够实现村民意志、维护广大村民合法权益，还能起到团结村民、调动村民参与乡村治理的积极性的作用。当前，随着乡村经济基础和社会结构的变化，乡村发展对村民自治能力提出了更高的要求。但村民参与自治的意识还不够，参与自治的程度还不高，参与自治的能力还较为欠缺。一些农村事项

---

① 孙晋：《赋权增能：工会组织参与社会治理的行动逻辑与路径研究》，《天津市工会管理干部学院学报》2023年第3期。

决策还存在着"一言堂"、民主监督缺位的现象。这都严重损害了乡村自治组织的发展，动摇了乡村振兴中的组织基础。因此，加强村民自治能力建设首先要提升村民自治意识，要加大《中华人民共和国村民自治法》的宣传，丰富和发展"村民会议—两委议事"这条主线，创新村民协商议事形式，深入探索"村民恳谈会""村民理事会"等灵活多样的村民理事方式，激发村民参与乡村事务的主动性和创造性。其次，村民自治要良性发展必须要有制衡和监督机制。制度化和规范化建设是村民自治有效性的重要手段，也是村民自治监督的重要抓手。只有遵循制度、按照议事程序议事，及时、透明公开相关事项，才能保证议事民主高效。

乡村组织振兴还需提高乡村法治和德治水平。法治为乡村组织振兴保驾护航，德治是乡村组织振兴的润滑剂，两者需协同发力，乡村组织才能振兴。法治和德治是自国家组织产生以后两种主要的国家治理方式。中国自古既有丰厚的法治和德治思想，又有丰富的法治和德治实践。党的十八大以来，党把"依法治国"纳入"四个全面"战略布局。在中共中央十八届政治局第三十七次集体学习时，习近平总书记强调，"要坚持依法治国和以德治国相结合，实现法治和德治相辅相成、相得益彰"。[①] 党的十九大报告指出，要健全自治、法治、德治相结合的乡村治理体系。《中共中央 国务院关于实施乡村振兴战略的意见》提出，

[①] 习近平：《习近平谈治国理政》第四卷，外文出版社2022年版，第292页。

第六章　组织振兴与工会工作

建设法治乡村和提升乡村德治水平。新时代，在全面推进乡村振兴的过程中面临着新的问题、新的矛盾，这迫切需要健全相关法律法规，使乡村建设有法可循。要围绕农村土地制度改革、集体产权改革、农村绿色发展等领域抓紧制定和完善相关法律及配套制度，满足乡村建设中的法律供给。要加大普法力度，健全农村公共法律服务供给，提升农民法律素养，提升基层干部依法办事的底线意识和思维能力。在推进法治乡村建设的同时，要把社会主义核心价值观融入法治建设，提升乡村德治水平。要因地制宜，发挥优秀乡土文化在引领乡民价值观、乡村风尚中的作用，凝聚乡村建设的积极向上力量。要丰富乡村公共文化服务供给，加强乡村公共文化服务设施建设，完善公共文化服务载体，以文化润人，提升乡村居民思想道德水平。要坚决抵制封建思想文化，选树优秀道德模范，发挥出乡村优秀人才的强大正能量，建设好乡村道德激励和约束机制，培育文明乡风。

（二）壮大乡村工会组织是组织振兴的必然要求

乡村要振兴，治理有效是基础。乡村治理有效不仅是国家治理体系和治理能力现代化的重要体现，也是全面推进乡村振兴的重要抓手和强劲动能。《中共中央　国务院关于做好 2023 年全面推进乡村振兴重点工作的意见》强调，健全党组织领导的乡村治理体系，提升乡村治理效能。乡村治理不仅需要坚强的党组织领导，还需要建立多方主体参与的乡村治理体制机制。当前，乡村基层党组织战斗堡垒作用发挥有待加强，乡村自治组织自治水平科学化程度不够，乡村经济组织过度依赖经济基础，多种组织有序参与乡村治理的格局还未形成。因此，健全和壮大乡村组织是构建多主体参与乡村治理的首要任务，也是激发乡村振兴动能的迫切任务。

乡村群团组织是乡村组织的重要组成部分，是一种具有鲜明中国特色的社会组织形态，是群众利益诉求表达、协商的重要平台，也是党联系群众的桥梁和纽带。随着乡村产业的振兴，乡村人才不断汇聚，乡村文化需求更加多样，乡村生态文明建设更加紧迫，这使乡村矛盾纠纷预防化解的任务更加繁重，乡村群团组织的发展面临新的形势和挑战。2022年中共中央、国务院发布的《乡村振兴责任实施办法》明确指出，工会、共青团、妇联、科协、残联等群团组织应当发挥优势和力量参与乡村振兴，这对群团组织参与乡村振兴提出了明确的要求。

作为群团组织重要组成的中国工会是中国共产党领导的职工自愿结合的工人阶级群众组织。习近平总书记指出："我国工运事业是在党的领导下发展起来的，是党的事业的重要组成部分，工会工作是党治国理政的一项经常性、基础性工作。"[①]《中国工会章程》指出，企业、事业单位、机关和社会组织等基层单位，应当依法建立工会组织。社区和行政村可以建立工会组织。中国工会十八大报告中指出，要加强工业园（区）、乡镇（街道）、村（社区）工会、区域性行业性工会联合会建设。

[①] 习近平：《论坚持党对一切工作的领导》，中央文献出版社2019年版，第282页。

第六章 组织振兴与工会工作

在推进中国式现代化的新征程上,壮大乡村工会组织,团结动员广大乡村职工在全面推进乡村振兴的舞台上建功立业,是新时代党和国家赋予工会的崇高使命。

中国工会具有其他社会组织所不具有的参与社会治理的天然优势。[①] 一方面,中国工会诞生和发展于中华民族生死存亡的革命时期,经历了长期的革命斗争的淬炼,与中国共产党同命运、共呼吸,是国家政权的重要支柱,在遵循国家法律制度的前提下,依据《中国工会章程》和《中华人民共和国工会法》开展工作,具有其他社会组织所不具有的政治组织资源优势,开展工作具有一定的独立性和权威性。另一方面,中国工会经过长期的发展,具有庞大的组织体系,积累了大量组织动员经验,是党联系职工群众的桥梁和纽带,在维护全国人民总体利益的同时,能更好表达职工诉求,维护职工合法权益,具有天然的组织动员广大职工为实现中华民族伟大复兴中国梦而奋斗的组织优势和规模优势。

改革开放四十多年来,中国农村经历了由"赋权放活"到"建设社会主义新农村"再到"乡村振兴"的发展阶段,生产方式发生深刻变革,生产力得到空前解放。随着中国农业机械化、智能化程度的提升,对农业规模化经营的要求提高。与此同时,以农业为基础的农村三大产业融合发展的生产体系构建步伐加快。这都使农村的就业结构、收入分配结构发生变化,以工资收入为主要生活来

---

① 张丽琴、龙凤钊:《功能协调型:国家治理体系中的工会功能定位》,《兰州学刊》2016年第3期。

源或者与用人单位建立劳动关系的农民的数量增加，越来越多的农民成为既不离土也不离乡的职工，这与国家官方发布的数据相呼应。2023年5月4日，国家统计局农村社会经济调查司等3部门联合发布的数据显示，中国2022年乡村常住人口为49104万人，占总人口规模的比例为34.8%，乡村人口规模减小731万，自1998年以来首次出现减少低于1000万的情况。乡村庞大的人口规模及生产、就业方式的变化为建立乡村工会奠定了组织基础。乡村工会是工会在乡村的基层组织，把广大乡村职工吸引到乡村工会组织中来，既是新时代巩固党的执政基础的需要，也是更好维护乡村职工权益需求、全面推进乡村振兴的有效路径。

壮大乡村工会组织要全面建立村（社区）工会组织。乡村工会组织的建立要坚持因地制宜，要从乡村发展的实际出发，根据《中华人民共和国工会法》和《中国工会章程》的要求，采取灵活便捷的建会方式，既可以单独建会，也可以建立工会联合会和联合工会。鼓励乡村辖区内人员规模较大的涉农企业、农业专业合作社和新型农业经营主体单独建会，规模较小的建立工会联合会；对乡村医院、乡村超市、乡村快递点、分散经营的小农户和其他主体建立联合工会。要充分发动农村基层党组织、村民自治组织、农村集体经济组织等的积极性，合力摸清相关数据资源，建立村级工会建会台账，形成乡村工会组建的工作合力。县级总工会和乡镇工会要加大对乡村工会组建的宣传和培训，要根据乡村居民受教育水平整体较低的特点，采取乡村居民喜闻乐见的方式，既要宣传工会组建带给农

第六章　组织振兴与工会工作

村职工的好处，又要宣传工会相关法律法规，使乡村职工愿意了解工会、加入工会。同时，县级工会和乡镇工会要对乡村建会进行指导和跟踪，及时解决乡村工会建会及工作中的遇到的问题，既要当好乡村工会的"指导员"，也要当好乡村工会的"服务员"。

壮大乡村工会组织，乡村工会干部是关键。首先，要配齐、配好乡镇（街道）工会干部。乡镇（街道）工会是连接县级工会和乡村工会的中间环节，要发展好乡村工会，必须激发乡镇（街道）工会活力，实现乡镇（街道）工会干部专职化。乡镇（街道）工会主席一般应由乡镇（街道）班子副职担任或兼任，一般应配备专职工会副主席。乡镇（街道）工会应配备专职工会工作人员，用好社会化工会工作者，要兑现好乡镇（街道）工会工作人员待遇，培养一支稳定的乡镇（街道）工会干部队伍。其次，要选好村（社区）工会干部。村（社区）工会会员在 25 人以上的应建立基层工会委员会，不足 25 人的可单独或联合建立基层工会委员会。村（社区）级工会工作委员会可根据村（社区）实际情况，选举兼职工会主席和工会委员，把有意愿、有担当、善理事、有文化的乡村致富能手、农村合作社和社会组织负责人等纳入工会委员会中来。只有配齐了乡村工会干部，解决了乡村工会"有人"干事的问题，壮大乡村工会组织才有了基础。

壮大乡村工会组织，要加强乡村工会专业化能力建设。工会的专业化能力是工会在以《中华人民共和国工会法》为根本活动准则的基础上，按照《中华人民共和国工会法》和《中国工会章程》独立自主开展工作过程中所展现出的专业知识、专业能力和专业精神的综合体现。首先，政治能力排在工会各项专业化能力的首位。中国工会承担着坚持自觉接受中国共产党的领导，团结引导职工群众听党话、跟党走的政治责任。乡村工会作为工会组织在乡村的基层组织，具有广泛接触和发动乡村职工的优势。乡村工会要带领和团结广大职工，深入学习贯彻习近平新时代中国特色社会主义思想，深入学习习近平总书记关于工人阶级和工会工作的重要论述，把党的全面推进乡村振兴战略转化为行动实践。其次，工会工作专业性较强。中国工会的最基本职责是维护职工合法权益，竭诚服务职工群众。工会要具有法治化思维和法治化能力，要成为工会法律法规和劳动法律法规的行家里手，要把"法"的能力转化为化解劳动纠纷、构建和谐劳动关系的能力。乡村工会与乡村群众联系最为密切，群众工作能力要求高，要有强化服务群众意识、倾听群众诉求、善于发现问题的能力，维护好广大乡村群众的利益，成为乡村群众的贴心人和娘家人。

壮大乡村工会组织要稳中求进、试点先行，且不可急于求成。要根据乡村产业发展基础、人员特点，采取先易后难的思路，在乡村中具有建会基础的龙头企业、社会组织中先行建会。要做好先行建会组织的会员服务，把职工需求和工会维权服务结合起来，以优质服务获取乡村职工认可，以建会企业服务示范引领带动其他行业建会。[①] 坚持

---

① 宋道雷：《国家与社会之间：工会双重治理机制研究》，《上海大学学报》（社会科学版）2017年第3期。

第六章 组织振兴与工会工作

以点带面,服务先行,按照有利于工会工作开展,有利于发展会员,不断延伸和扩展,逐步扩大乡村工会组织规模。在乡村工会的建会过程中,要创新工会组建方式,充分发挥人工智能、大数据、自媒体等数字化技术的优势,大力推进智慧工会建设,提升乡村工会智慧化、数字化水平。

(三)构建乡村工会服务体系

当前,中国乡村工会组织机构的发展还处于起步期,乡村工会参与乡村治理的优势逐渐彰显,但乡村工会的组织基础还较为薄弱,乡村工会工作还处于起步阶段。一些乡村工会干部身兼数职,缺乏对工会工作的深入认识,再加上对乡村工会的职责认识不清,开展乡村工会工作的积极性不高、主动性不强,这使乡村工会工作还停留在文化娱乐活动、福利发放等层面。在维护乡村职工合法权益、服务乡村职工上力量不足、本领不强;在动员广大乡村职工听党话、跟党走,投身乡村全面振兴,实现中华民族伟大复兴的中国梦上号召力不够、凝聚力不足。乡村工会参与乡村治理的活力释放必须以服务乡村职工为首要着力点,服务先行,以优质服务赢得乡村职工支持,逐步扩大乡村治理的范围。提升乡村工会服务乡村职工的满意度,要以《中国工会章程》为依据,以提升服务乡村职工的能力为重点,构建充满活力的乡村工会组织体系,健全有序的乡村工会工作机制,从而构建高效的乡村服务体系。

构建乡村工会服务体系需加强乡村工会服务阵地建设。工会服务阵地是工会开展线上或线下活动的固定场域,是职工思想政治工作引领的堡垒,是动员广大职工群众建功立业的载体，是提高职工生活品质的平台，是化解劳动关系纠纷的桥梁纽带，也是展示工会形象的重要窗口。只有加强工会服务阵地网络建设，扩大工会网络覆盖面，立足职工需求，完善工会服务项目的种类，提升服务质量，工会服务阵地才能得到巩固。建设好乡村工会服务阵地首先要制定建设标准，县级工会应加强乡村工会阵地的指导和督导检查，对哪里要建、建什么、建成什么要进行指导，对建成以后如何开展服务应集中进行培训。乡村工会服务阵地建设应根据乡村实际，充分考虑乡村经济发展、产业分布和人员特点，灵活采取工会自建、党政联建、社会联动等方式。有条件的乡村适宜采取工会自建的方式，社会资源丰富的乡村应发挥社会联动的优势。经济基础较弱的乡村，要注重党政联建。乡村工会阵地建设要充分依托乡村党群活动中心，坚持资源共享、阵地共建、一体打造、融合发展的原则，合理体现工会元素，规范设置工会标牌、标识、制度牌匾。在党员活动室、农家书屋分别加挂职工之家、职工书屋标识，在便民服务大厅设立工会服务窗口。乡村工会服务阵地建设还应强化数字赋能，大力推进乡村工会服务网上平台建设，结合乡村职工数字化素养，不断丰富数字服务资源，增强数字服务体验，逐步提升工会网络阵地覆盖范围，打造服务乡村职工的网络阵地。

做好思想政治引领，动员广大乡村职工投身到乡村振兴中来是构建乡村工会服务体系的重要内容。思想是行动的先导，乡村职工对乡村振兴的认知水平直接决定着乡村振兴的成败。乡村工会是与乡村职工联系最为紧密、最为直接的组织，具有天然的群众工作优势，对乡村职工的思想状况最为了解，也是动员广大乡村职工建功立业最主要的阵地。乡村工会应带领广大乡村职工深入学习贯彻习近平新时代中国特色社会主义思想，大力弘扬劳动精神、劳模精神和工匠精神，持续开展以"劳动创造幸福"为主题的宣传教育活动，让乡村致富能手、劳动模范、技术专家"现身说法"，既要宣讲精神、传播正能量，也要传经送宝，播撒先进技术经验。乡村工会应围绕村级重点产业、特色产业，以技能竞赛为抓手，开展技能攻关，对紧缺乡村农业技术等组织技能培训和技术帮扶活动，为乡村职工在乡村振兴的大舞台上建功立业搭建平台。做好乡村职工的思想政治引领作用，应充分发挥与乡村其他组织的联动作用，整合资源，聚焦乡村发展，用好乡村党群服务中心、新时代文明实践站点、乡村文化广场等宣传阵地，把宣传动员和当地优质文化资源相结合，把思想教育阵地搬到街头巷尾，覆盖到村庄的角角落落，融入乡村职工的日常工作和生活中。

化解矛盾纠纷，维护好广大乡村职工的权益是构建乡村工会服务体系的又一重要内容。《中国工会章程》指出，中国工会的基本职责是维护职工合法权益，竭诚服务职工群众。中国工会十八大报告将"用心用情做好维权服务工作，实现好、维护好、发展好职工群众根本利益"作为今后五年九项重要工作之一。当前，随着农村生产力的飞速发展，农村的经济结构、社会结构也发生了深刻变化，乡村土地产权纠纷、劳资纠纷等问题频发，乡村社会正处于新老矛盾交织、矛盾多样化的时期。①乡村工会要根据乡村发展现状，围绕工会主责主业，充分发挥乡村工会现有资源优势，以各种乡村工会阵地为载体，将职工现实需求作为开展各项服务的目标导向，进一步拓展就业援助、法律维权、职工技能培训、劳动争议调解、职工互助保障等服务项目，不断完善乡村工会服务内容。在完善乡村工会服务内容的基础上，通过加大乡村工会干部培训，推动乡村工会制度化和法治化建设，逐步提高服务能力和服务质量。在化解劳资纠纷时，乡村工会还应承担维护乡村劳动领域政治安全的责任。乡村工会应时刻关注乡村职工生产生活思想动态，对劳动风险问题应有分析研判能力，应牢牢把握主动权，见事要早，出手要快，将劳动领域有重大风险的问题处置在萌芽状态，确保乡村劳动领域政治安全。

做好乡村困难职工的帮扶和兜底保障也是乡村工会服务体系的重要内容。自 2022 年开始，中共中央连续两年将"坚决守住不发生规模性返贫"写进每年的中央一号文件，对巩固拓展脱贫攻坚成果都做出了全面部署。未来一段时期，乡村脱贫群众的增收和帮扶工作仍然是乡村振兴的重要内容。因此，乡村工会也应把乡村困难职工的帮扶和兜底保障工作作为乡村工会服务体系建设的重要内容。乡村工会应针对当前乡村职工的生活品质需求更加多元、质量要求也更高的新情况，建立健全乡村困难职工帮扶机

---

① 张晓玉：《社会组织参与乡村治理的困境及路径分析》，《农业经济》2023 年第 12 期。

制，多措并举提升乡村困难职工帮扶成效。首先，应加强困难帮扶政策的宣传，采取线上线下相结合、乡村职工喜闻乐见的方式宣讲困难帮扶相关政策、困难帮扶申请流程，营造困难帮扶良好舆论氛围，提高困难帮扶工作的成效。其次，应把困难职工的摸底工作作为对乡村困难职工精准帮扶的基础。要全面排查，建立困难职工档案，精准识别困难职工的帮扶需求，要让帮扶更加精准，更有实际效果。① 打造乡村工会困难帮扶工作品牌，常态化开展"春送温暖""夏送清凉""金秋助学""冬送温暖"和乡村职工医疗互助保障等帮扶工作，倾情帮助乡村职工解决实际困难。通过线上线下相结合的方式，组织开展就业招聘活动，开展家政、农牧业等订单式技能培训，促进创业就业能力和就业质量提升，促进农民增收。指导帮助乡村企业召开职工（代表）大会，完善厂务公开制度，开展法治宣传教育，为乡村职工提供法律援助，促进乡村劳动关系和谐稳定。

（四）坚持党对乡村工会组织的全面领导

2023年10月23日，习近平总书记在同中华全国总工会新一届领导班子谈话时强调，坚持党的领导必须全面地、有效地贯彻落实到工会工作全过程和各方面。②《中国

---

① 张丽琴、龙凤钊：《功能协调型：国家治理体系中的工会功能定位》，《兰州学刊》2016年第3期。

② 《习近平在同中华全国总工会新一届领导班子成员集体谈话时强调 坚持党对工会的全面领导 组织动员亿万职工积极投身强国建设民族复兴伟业》，《人民日报》2023年10月24日第1版。

工会章程》也指出，中国工会坚持自觉接受中国共产党的领导，承担团结引导职工群众听党话、跟党走的政治责任，巩固和扩大党执政的阶级基础和群众基础。党的十八大以来，习近平总书记就工会自觉接受党的领导多次作出重要指示。乡村工会作为中国工会在乡村的神经末梢，是党在乡村的阶级基础和群众基础，主动自觉地接受党的领导，是乡村工会工作必须坚持的不可动摇的政治原则。只有坚持党的领导，乡村工会工作才能牢牢把握为民服务这一根本宗旨，才能不走偏路，才能坚持政治性、先进性和群众性，也才能永葆生机和活力。乡村工会应把党的路线、方针政策和决策部署落实到乡村各项工作中去，应把执行党的意志的坚定性和为职工服务的实效性统一起来，坚决贯彻和落实党的各项意志和主张。

坚持党对乡村工会组织的全面领导不是抽象的而是具体的，是要全面落实到乡村工会各项工作中去的，最根本的一条就是团结带领广大乡村职工听党话、跟党走，实现党所确定的全面推进乡村振兴的宏伟目标。因此，各级工会要深入学习贯彻习近平总书记关于工人阶级和工会工作的重要论述，强化乡村职工思想政治引领，推动党的重大理论、重大部署、重大战略进村庄、进田间地头，凝聚团结奋斗的乡村力量，激发亿万乡村职工建设美丽乡村的智慧和动能。各级工会还应把坚持党的全面领导和维权服务、解决职工需求相结合。乡村工会应落实全心全意依靠工人阶级的方针，只有以职工为导向，实心实意为职工服务，才能得到职工的拥护，才能巩固党的执政基础，才能夯实党对乡村工会的全面领导。

第六章　组织振兴与工会工作

坚持党对乡村工会的全面领导，还要加强乡村工会组织建设。当前乡村工会组织建设还不完善，乡村工会干部整体素质还不高，乡村工会职责还不清晰，乡村工会服务活动还较少，这严重削弱了党对乡村工会的全面领导。各级党委和政府应把健全完善乡村工会组织体系作为当前工会工作的一项紧迫任务，压实责任，督促和引导各地乡村工会建设，要建设一批示范性乡村工会，带动乡村（社区）工会组织建设，完善工会组织体系。[①] 同时，还应坚持党工组织统筹组建，充分发挥党建的政治引领作用，把"三会一课"、组织生活会等党组活动与职代会等民主管理制度有机衔接起来，同步开展、同步落实。各级党组织和工会组织要强化服务意识，整合服务资源，做到党工组织阵地联建、资源共享。

坚持党对乡村工会的全面领导，还要紧紧依靠广大乡村职工群众。中国共产党人的初心和使命，就是为中国人民谋幸福、为中华民族谋复兴。党的力量源泉来源于人民，这必然要求全面推进中华民族伟大复兴也要依靠人民。当前，中国乡村振兴的主体力量是广大乡村居民，乡村各项事业的发展都离不开他们。党的乡村建设的目标不仅是实现乡村居民生活上的共同富裕，还要培育他们在乡村建设中的主体性和能动性，要让广大乡村居民成为农村建设的主体。因此，在乡村应充分发挥基层党组织在乡

[①] 重庆市总工会课题组：《关于党建带工建助力乡村治理的调研报告——以重庆市丰都县实践探索为例》，《重庆行政》2023年第3期。

各种组织中的引领作用，同时在尊重乡村居民意愿，保障乡村居民物质利益和民主权利的基础上，广泛依靠乡村居民，教育引导乡村居民在推动乡村建设中积极参与，为实现乡村全面振兴而贡献自身力量。

【知识链接】

党的二十大报告强调，"全面推进乡村振兴"，"加快建设农业强国，扎实推动乡村产业、人才、文化、生态、组织振兴"。① 促进乡村振兴要统筹谋划，科学推进。习近平总书记强调，推动乡村组织振兴，建立健全现代乡村社会治理体制，确保乡村社会充满活力、安定有序。② 扎实推动乡村组织振兴，既是全面推进乡村振兴的重要组成部分，也是乡村振兴的组织体系保障。"胜非其难也，持之者其难也。"坚决守住防止规模性返贫底线，巩固拓展脱贫攻坚成果，全面推进乡村振兴，需要以乡村组织振兴为引领，从宏观层面发挥制度优势，以增强乡村内生发展动力。

以习近平同志为核心的党中央明确了中国特色乡村组织振兴的方向和实现路径。乡村组织振兴是乡村组织体系的系统构建，要建立和完善以党的基层组织为核心、村民自治和村务监督组织为基础、集体经济

---

① 习近平：《高举中国特色社会主义伟大旗帜　为全面建设社会主义现代化国家而团结奋斗——在中国共产党二十次全国人民代表大会上的报告》，人民出版社2022年版，第30、31页。

② 习近平：《论"三农"工作》，中央文献出版社2022年版，第269页。

第六章　组织振兴与工会工作

组织和农民合作组织为纽带、各种经济社会服务组织为补充的组织体系。构建这一组织体系，夯实乡村有效治理这一根基，要以乡村全面振兴为目标，以保障和改善农村民生为优先方向，提高乡村善治水平，让农民得到更好的组织引领、社会服务、民主参与，确保乡村社会充满活力、安定有序。这是发挥中国特色社会主义制度和国家治理体系显著优势创造的中国特色乡村组织振兴方案。

党的二十大报告指出，"全面建设社会主义现代化国家、全面推进中华民族伟大复兴，关键在党"，"坚持党的全面领导是坚持和发展中国特色社会主义的必由之路"。[1] 党政军民学，东西南北中，党是领导一切的。坚持和完善党对农村工作的全面领导，打造坚强的农村基层党组织，是全面推进乡村振兴的政治保障。无论各类经济社会组织怎么样发育成长，也无论农村社会结构怎样变化，农村基层党组织始终是农村各个组织和各项工作的领导核心，其核心领导地位不容动摇、战斗堡垒作用不容削弱。把党对乡村治理的领导落实到健全乡村治理体系中，确保党在乡村治理工作中始终总揽全局、协调各方，确保中国特色社会主义农业农村现代化建设正确方向，把广大农民群众紧紧团结在基层党组织周围，齐心协力全面推动乡

---

[1] 习近平：《高举中国特色社会主义伟大旗帜　为全面建设社会主义现代化国家而团结奋斗——在中国共产党二十次全国人民代表大会上的报告》，人民出版社2022年版，第63、70页。

村振兴，是走中国特色社会主义乡村振兴道路的内在要求。

打造坚强农村基层党组织要以增强其政治功能和组织功能为着力点。提衣提领子，牵牛牵鼻子。党的二十大报告指出，"增强党组织政治功能和组织功能。严密的组织体系是党的优势所在、力量所在"。[①] 要坚持大抓基层的鲜明导向，抓党建促乡村振兴，推进以党建引领基层治理，持续整顿软弱涣散基层党组织，把基层党组织建设成为有效实现党的领导的坚强战斗堡垒。农村基层党组织是党直接联系农民群众的纽带，是党的理论和路线方针政策在农村实施的直接执行者，是实施乡村振兴战略中"最后一公里"的关键。把农村基层党组织建设摆在更突出的位置来抓，解决好农村特别是脱贫地区农村基层党组织弱化、虚化、边缘化问题，打造坚强的农村基层党组织，培养优秀的农村基层党组织书记，增强农村基层党组织政治功能和组织功能，才能把农村基层党组织建设成为宣传党的主张、贯彻党的决定、领导基层治理、团结动员群众、推动改革发展的坚强战斗堡垒，更好发挥党员先锋模范作用，凝聚广大基层党员和群众的思想、行动、力量、智慧，形成全面推动乡村振兴的磅礴力量。

因地制宜地创新拓展农村基层党组织对农村工作

[①] 习近平：《高举中国特色社会主义伟大旗帜　为全面建设社会主义现代化国家而团结奋斗——在中国共产党二十次全国人民代表大会上的报告》，人民出版社2022年版，第67页。

第六章 组织振兴与工会工作

全面领导的实现路径。首先，探索完善坚持和加强农村基层党组织对农村各类组织和各项工作全面领导的体制机制。通过法定程序实现党组织书记担任村民委员会主任和农村集体经济组织、合作经济组织负责人，推进村"两委"班子成员交叉任职，从体制机制上确保村党组织对农村各个组织和各项工作的全面领导。其次，推进党组织全覆盖。在以村为主设置党组织的基础上，将党组织覆盖到各乡村产业组织和农民工聚居地等，以适应农村经济社会结构变化和群众生活方式、就业方式等多样化趋势，更好发挥基层党组织引领农村各项事业发展的作用。再次，探索提升农村基层党组织引领乡村全面振兴能力的有效实现路径。如一些地方在设置村党组织基础上，在一定特色区域跨村共建、区域联动，将分散的村庄统筹谋划，创建党建引领乡村振兴融合发展区，构建以党建融合发展区党委（党总支）为核心、辖区村（企）党支部为支撑、特色党支部为拓展的组织体系，统领区域内各领域党的建设，能够统筹盘活区域内资源，推动区域内组团融合发展，进而把农村基层党组织的政治功能、组织功能更好发挥出来。

（资料来源：根据新华网刊登文章综合整理）

二 工会组织助力组织振兴的主要举措与实践案例

工会组织作为党的群团组织，是乡村基层组织的重要组成部分，乡村工会组织的建设对乡村组织振兴有着深远影响。近年来，各级各类工会积极探索乡村基层工会组织建设路径，通过在乡村建会创家、充分发展农民工入会，加强工会组织自身建设、服务并维护农民工合法权益，加强与其他社会组织协同联动等多种形式，形成了各具特色的乡村工会组织发展模式。

（一）积极推进乡村建会创家，扩大工会组织覆盖面

为更好地将广大农民工和乡村职工纳入工会组织中，为他们提供更好的服务和保障，各地工会积极推动在乡村地区建立健全工会组织网络，但由于乡村地区的传统观念和偏见，许多人对工会的作用和价值认识不足，甚至认为工会是"摆设"或"累赘"，再加上乡村地区人口分散、农民工流动性较大等因素，使乡村工会的创建很难得到广泛的社会支持和参与。针对现实困难，各地工会通过政策引导、广泛宣传、创新形式、党工共建、产业联合等多种方式破解建会难题，成立产业工会、村居工会、工会联合会、服务驿站、职工之家等各类基层组织，充分扩大工会组织在乡村的覆盖面。

立足优势产业，把工会建在产业链上。山东寿光成立蔬菜产业工会联合会，由蔬菜全产业链相关的骨干企业、蔬菜合作社、蔬菜技术员协会、主管部门单位等组成委员会；宁波镇海成立乡村振兴共富产业联合工会，当地农业企业、家庭农场、农家乐、民宿等129家多种农业经营形式主体成为首批会员单位；大连瓦房店市总工会以各村社区联合工会为牵引，通过"工会＋龙头企

第六章　组织振兴与工会工作

业+农户"的模式，建立农业现代化产业工会，成立得利寺樱桃种植、复州八里油桃种植、李官葡萄种植、西杨种子种植4家农业现代化产业工会，吸纳涉农工会组织48家，吸收农民工会员2478人，覆盖周边农户1600户；四川三台县按照"公司+合作社+农户"的路线栽种藤椒约15万亩，每年约20万农民工在全县各藤椒产业公司、藤椒种植合作社务工，在三台县总工会的指导下，在县域内成立藤椒产业工会联合会，并同步组建各片区、各企业的藤椒产业独立工会，让全县藤椒产业工人有了"新家"；山东威海临港区总工会成立了山东首家农林水产业工会，涵盖辖区内35家企业及新经济组织，吸纳农民工会员1000余人。

依村建家，成立村居工会。江苏阜宁县总工会在涉农经济组织、合作组织、家庭农场等新型经营主体成立基层工会组织，在第二、第三产业相对发达，农民工较为集中的乡镇、村居成立区域（行业）工会和联合工会。截至2023年1月，全县已有66个涉农单位及村居建立了工会组织，发展农民工会员12506人。山东济南长清区总工会将建立村居工会列为专项工作，加强分析研判、锁定重点难点、创新方式方法、强化统筹协调，在经济发达、企业聚集、职工人数较多的村居（社区），成立村居（社区）工会联合会，同时建立了经费审查委员会、女职工委员会、设立工会劳动法律监督委员会。目前，全区已建会村居数105个，吸纳入会人数5000余人。

抱团发展，成立联合工会。山东各级工会进一步夯实镇街—村居—企业"小三级"工会组织架构，根据乡镇行业、产业、企业特点，采取企业单建、行业统建、区域联建、项目共建等方式，把相同产业或同一区域的零散企业联合起来，建立基层联合工会组织。威海市文登区是全国最大的西洋参主产区，文登区总工会依托产业发展需求，成立文登区西洋参行业工会联合会；全国闻名的海洋养殖大镇荣成俚岛镇成立养殖行业工会联合会，将鲍鱼、海带等海上养殖工会组织全部纳入工会联合会；齐河县组建德州市首家现代农业产业工会联合会，覆盖全县49家现代农业企业，涉及果蔬栽培、畜禽养殖、花卉苗木、观光农业等农业产业，吸收3000余名农民工加入工会组织；淄博市博山区池上镇总工会依托党建工作片区，在镇村之间建立片区工会联合会，构建起了镇总工会—片区工会联合会—村居工会联合会—基层工会的"小四级"工会组织网络，推动工会工作向农村延伸。

（二）加强自身组织建设，竭诚服务职工群众，维护农民工合法权益

为提高乡村工会的履职尽责能力，各类村级工会加强自身组织建设，完善工会的组织结构、工作机制和活动方式等，推进乡村工会的规范化建设；通过培训、交流等方式，提升工会干部的业务水平和服务能力；竭诚服务职工群众，急群众之所急，想群众之所想，紧密结合农村发展实际积极开展技术培训、产业扶持、市场拓展等工作，帮助农民提高生产经营水平，增加收入；充分发挥自身职能，通过设立法律援助站、开展法律知识普及等形式，帮助农民解决实际问题，提高农民维权意

第六章　组织振兴与工会工作

识和能力；积极参与农民工工资支付、土地承包经营权流转、农村集体经济组织改革等方面的工作，切实维护农民的合法权益。

江苏省滨海县规定职工人数达1500人以上的村（社区）工会，配备一名专职副主席，设立工会专职副主席办公室。在村（社区）新时代文明实践站添加工会元素，由村（社区）党总支协调沟通，将部分农户进城闲置的"空关房"转化为工会活动房，确保每个村（社区）职工活动阵地不少于150平方米。做好村（社区）工会主席、专职副主席职业技能培训工作，确保每季度培训1次。村（社区）每年向工会投入1万元活动经费，县总工会每年补助村（社区）工会1万元，动员社会力量向村（社区）工会提供赞助，力争每个村（社区）工会每年有3万元左右的工作经费，让村（社区）工会建起来、动起来、活起来。

广西壮族自治区总工会"扶智纾困"帮扶项目成为工会助力乡村振兴的闪亮品牌。广西壮族自治区总工会向广西河池市东兰县板逢村等5个定点帮扶村在读的，户籍在该县的高中（中职）、高职（大专）及以上学生和未消除风险的防返贫监测对象家庭设立"扶智纾困"帮扶项目，按照不同的资助标准，发放资助金，自2019年以来发放资助金超过180万元。2023年，有63名高职（大专）以上在读学生和14名今年考上全日制本科以上大学的学子获得资助。

吉林省白山市总工会大力推动村级工会建设，同步实施"会、站、家"一体化建设，增强村级工会凝聚力。自2019年以来，白山市总工会实施困难帮扶、法律援助、健康关怀等"九项行动",为新入会农民工会员发放5万元职工互助保障金,帮助250名农民工免费实现学历提升,开展法律咨询、农技指导等各类志愿服务活动24次,走访慰问农民工500余名,为推动乡村振兴发挥了工会作用。

山东济南长清区总工会积极发挥村居(社区)、新就业形态行业企业工会在促进乡村经济发展中的作用。积极开展农民工服务工作,加大农民工关爱帮扶工作力度,开展好四季服务、互助保障、求学圆梦、工友创业园、"数字大篷车"、"工事共办"议事厅等各项服务工作;切实履行农民工维权服务基本职责,切实维护好、服务好农民工群众的劳动经济权益、民主政治权利和精神文化权益;开展工会劳动法律监督,持续推动构建和谐劳动关系,坚决维护好劳动领域政治安全,维护好本区域就业职工和外出务工农民工的合法权益;拓宽农产品及农业产业宣传阵地,根据村居工会实际情况,将特色农产品在"齐鲁工会"App上进行宣传发布,让更多的农产品有了更宽广的销售渠道,实现了农民增收和农村社会稳定。

(三) 与其他组织协同联动,优势互补

为更好地发挥作用,各地工会组织在加强自身建设、履职尽责的同时也积极与其他组织紧密合作,形成优势互补、协同联动的工作机制。一方面,与乡村党支部协作,以党建带工建,以工建促党建,形成党工共建的良性机制;与村委会建立良好沟通机制,共同制定关于农民权益保护的政策和措施,积极参与村委会的各项活动,如扶

第六章 组织振兴与工会工作

贫、教育、卫生等，为村民提供全方位的服务。另一方面，与农业农业局、人社局等政府部门协作开展技术推广、技能培训等活动；借助其他社会力量，开展帮扶活动等。此外，与企业协作，搭建产销平台，开展项目互动，开辟农民增收新途径，通过合作与联动，形成工作合力，共同推动乡村振兴事业的发展。

江苏省滨海县总工会于 2022 年 5 月出台《关于着力村（社区）工会提质扩容的实施意见》，聘请各镇（区、街道）党（工）委副书记任村（社区）工会建设协调员，提名村（社区）党总支书记为村（社区）工会主席候选人，经选举任村（社区）工会主席，实行"党工一肩挑"。同时，镇党委把工会工作纳入镇党建工作的总体部署、党建带工建工作责任制的重要内容，对村工会组织建设进行半年和年终考核。自村（社区）工会提质扩容活动开展以来，促进 56 个村（社区）工会达到县级规范化建设标准。村（社区）工会线上线下培训职工 2600 人次；化解劳动争议 47 起，使职工获得经济赔偿或补偿 54 万元；引领全县发展特色农业种植 1.3 万余亩，特色养殖 6000 余亩，兴办小微企业和农业龙头企业 137 家，促进 5000 余名劳力向职工转化，发挥本县资源优势，打造 8 个乡村旅游基地。

河南省嵩县 16 个乡镇的 25 个中心村均成立了村级工会组织，工会服务融入村党群服务中心管理服务中，实现了"职工群众有事来此诉求，无事来此活动"，进一步拓宽了服务覆盖面。其中，城关镇叶岭村工会成立后，吸纳工会会员 673 人，并通过提供务工岗位、开展各类技能培训、文化活动等形式为会员群众服务，积极发挥工会组织的先进性和群众性。何村乡桥头村工会把心理咨询室、工友书屋、技能培训室、文体活动中心、托幼中心等工会服务项目融入村党群服务中心建设中。黄庄乡三合村工会成立后，把工会服务积极融入三合村的乡村旅游产业中来，通过开展蜜蜂养殖、中药材种植、素描写生、民宿管理、乡村运营等技能培训，让从事不同行业的群众都能以培训提升技能、增加收入。目前，三合村共有100余户群众通过培训掌握一技之长，并积极参与到乡村旅游产业中，实现在家门口稳定就业创业。

江苏省高邮市持续开展"三创争两提升"活动，打造党建带工建阵地。加强基层工会班子建设，推动村企党组织书记、工会主席"一肩挑"，并主动融入基层社会治理，把工会组织的优势转化为治理效能。高邮市总工会积极探索社会化力量助力工会工作，推动工会工作开创新局面。目前，汤庄镇总工会已经聘任15名老领导、老教师、老同志、老战士、老职工等社会力量参与工会服务，并且聘任网格员为兼职工会信息员，帮助收集上报困难职工信息，为工会实施精准帮扶提供重要信息。同时，培养10名工会积极分子，组建了一支规模为30名的工会志愿者服务队伍，探索建立救助困难职工群众的多种途径，让广大职工群众切实感受到"娘家人"的关怀。

浙江温州平阳县厚垟村于2017年成立村级联合工会，推行村党组织书记与工会主席一肩挑制度，有效地破解了工会委员基层治理边缘化的现象，探索了基层工会参与村域治理新模式。成立以来，厚垟村联合工会主动作为，推行"服务走心、群众暖心"服务模式，发挥村联合工会能

第六章 组织振兴与工会工作

量。如村里修桥、修路等问题，一经提出，工会会员都会积极响应，想方设法去解决。为了让村里的爱心驿站和居家养老食堂中心活起来，并长期发挥最大的功能和作用，村委会与联合工会共同筹划，让爱心驿站引进了饮料机、充电宝等盈利项目，使其自身创造经济效益，实现"输血为造血"的营销机制。同时，发动村联合工会会员自愿捐款成立专项资金填补居家养老食堂中心运营缺口，使村里两大惠民服务项目步入了正轨。

浙江温州顺泰县按照工会牵头，专业社工带队的原则，与县民政局合作共建社会工作室，把县内壹家人公益联合会、扬帆义工队、惠友社工事务所等社会组织都纳入社会工作室当中，并通过资金支持、业务培训、人员配备等形式，重点扶持和培育一批群众口碑比较好、服务管理比较规范的社会组织，更好地服务职工。

【经典案例】

浙江三门县：涉农工会的"七彩联盟"

浙江省三门县是典型的以农业为主导产业的"山海县"，三门县总工会结合产业实际，开创了一条涉农工会组建之路。

"雪中送炭"建工会

三门县的农业种植户呈现年龄偏大、文化程度偏低、散而小的特点，导致了农业品牌化困难，产品附加值不高，亟须一个平台将农户们凝聚起来抱团取暖、帮扶提升。通过"特色联建""定标联管"，三门县总工会在全县10个乡镇（街道）建立涉农"七彩联盟"

联合工会，实现了农、林、牧、副、渔各行业全覆盖。其中，七彩联盟"紫色"黄泥洞、"红色"岙楼、"绿色"岩下潘3家联合工会以民宿、农家乐产业为主；"蓝色"渔家岙、"橙色"珠港、"青色"船帮里以小海鲜产业为主；"黄色"柑橘产业联合工会则是以柑橘产业为主。截至2023年1月，三门县共探索建立20家以"七彩联盟"联合工会为主的涉农工会组织建设，涵盖246家单位、8634名农业产业工人。

"各显其能"收经费

在工会经费的收取方面，涉农工会的工会经费很难适用"全部职工工资的2%向工会拨缴"等法规条文。2020年，三门县总工会作出专门预算安排，每年拨付50余万元专项用于涉农工会工作。同时，通过"上级补助一点、当地支持一点、会员自筹一点"，筹集筹足工会经费。乡镇（街道）、园区和各涉农单位结合本地实际，提前谋划落实经费安排。在专项经费保障的前提下，各地的工会经费收取方式也各显其能：下岙柑桔产业联合工会自创了"开源式"循环，而香山茶叶联合工会等经济基础相对薄弱的地区，则选择了配合采用会员主动捐助和自付会员费等方式，确保必要的工作经费。

工会工作"有人抓"

三门县总工会充分发挥农村网格员的作用，组成乡镇职工"代跑员"队伍，进村入户，开展农资农技宣传、困难职工建档等服务保障工作。同时，三门县总工会部署推动组建、台州市总工会"精准把脉"，

第六章 组织振兴与工会工作

形成市县乡三级联动机制。在此基础上，县总工会选派涉农工会干部到省总干校、宁波五一学校进行业务培训，安排涉农职工进行疗休养，对因灾因病困难职工进行慰问。2022年12月，三门县总工会专题召开涉农工会"两节"送温暖会议，出台具体方案并组织实施，成为全省工会系统的首创。

（资料来源：根据《浙江工人日报》2023年1月6日第1版刊登文章《涉农工会灌溉"共富田野"》整理）

【经典案例】

江苏滨海县：以党建带工建加强村（社区）工会建设

江苏省滨海县自成立村（社区）工会以来，针对部分村（社区）工会存在的物质基础条件不足、领导力量不强、工作经费匮乏、发挥作用不够的实际情况，滨海县总工会以党建带工建为抓手，于2023年6月与县委组织部联合出台《关于加强村（社区）工会规范化建设的意见》，推行"总支＋工会"组建模式，通过强强联合，产生"1＋1＞2"效应，增强了村（社区）工会活力。

截至2023年9月，滨海县共有216家村（社区）工会实行"总支＋工会"组建模式，新建村（社区）企业工会75家，吸纳4746名新就业形态劳动者入会，村（社区）党总支在村（社区）党群活动中心安排工会活动用房达7000多平方米，投入工会工作经费320万元，联合开展线上线下培训2万余人次，兴办农业龙头企业127家，转化乡村富余劳动力3480人。

"总支＋工会"组建模式坚持"四个一"，突出"四个点"，着力加强村（社区）党总支与村（社区）工会深度融合。

党工一起建，消除薄弱点

各镇（区、街道）党（工）委除明确村（社区）党总支书记经选举任村（社区）工会主席外，配备226名工会专职副主席，挑选317名年富力强的村（社区）"两委"委员与工会委员交叉兼职，消除工会力量的薄弱点。

阵地一起用，弥补不足点

在各村（社区）党群活动中心，设立196个工会办公室、286个职工活动室；将184个村（社区）劳动技能培训室与工会合用；在村（社区）红色广场，开辟245个"工会园地"，展现职工风采。

活动一起搞，提升共同点

村（社区）党总支与村（社区）工会联合开展"乡村振兴打头阵，建功立业当先锋"活动97场次；组织"五小"劳动竞赛和职业技能大赛148场次；联合开展走访慰问困难党员和困难职工586人次。

实事一起办，突出需求点

村（社区）党总支书记和村（社区）工会主席分别进行调查走访，根据职工群众的需求，年内办实事15件，让职工得到实惠。

（资料来源：根据《江苏工人报》2023年9月5日第2版刊登文章《滨海县"总支＋工会"显现"1＋1≥2"效应》整理）

第六章 组织振兴与工会工作

【经典案例】

贵州册亨：村级工会的规范化示范

2021年10月以来，贵州省黔西南州册亨县总工会坚持"党建带工建"，积极拓展工会服务，以村级工会建设为依托，着力打通基层治理"最后一公里"。截至2022年5月，册亨县156个村（居委会）工会组织全面建立，实现全覆盖，发展农民工会员4万余人。在册亨县任意一个村的村委办公点都能看到村级工会委员会的挂牌，办公点室内墙上贴着该村村级工会的组织架构，以及工会的工会职责制度表。

为加强对全县村（社区）工会组织建设的领导，册亨县总工会成立以县总工会主席为组长，县总工会副主席为副组长，各乡（镇、街道）联合工会主席为成员的领导小组，负责领导村（社区）工会组织建设。明确总工会班子成员联系督导乡（镇、街道），乡（镇、街道）联合工会主席督导村（社区），提名村（社区）党支部书记作为本级工会主席人选，筹备工会组织成立事宜，县、乡、村一体推进。

为提高服务本领和履职能力，县总工会组织乡（镇、街道）联合工会主席开展业务培训，利用县委党校培训阵地，举办村级工会干部培训班，围绕村级工会标准化规范化建设、困难农民工排查建档等内容对677名村级工会干部进行全覆盖培训。

册亨县总工会强化职能发挥，班子成员分别按照原深入每个村级工会，对他们进行规范化建设和指导，达到工作统一、步调一致，更好地为农民工服务。两年多来，指导村级工会开展规范化建设、农民工会员录入、提供就业信息服务、排查困难农民工、选树劳模工匠人才等，村级工会作用凸显。

（资料来源：根据中工网2022年5月26日刊登文章《贵州册亨：村级工会建设 助推乡村振兴》整理）

【经典案例】

四川攀枝花：村里的"新农人服务驿站"

随着四川攀枝花农业观光、休闲旅游、康养民宿等乡村产业迅速发展，不少乡村外出务工人员回流明显，"家门口"就业成为更多人的首选，乡村从事涉农产业的人员日益增多。为此，攀枝花市总工会强化村级工会组织建设，把服务对象延伸拓展至新农人群体。

混撒拉村是攀枝花市第一个种植芒果的村子，村内从事涉农产业的工作人员有近200人。由于产业特征显著，混撒拉村被命名为攀枝花市首个"工会进农村"示范村，并率先建成"新农人服务驿站"。

混撒拉村"新农人服务驿站"设立在该村芒果专家大院的农家院落里，按照工会职工之家标准建设，室内休闲桌椅、冰箱、微波炉、应急药箱、充电设备等一应俱全，还同步规划了农家书屋。"新农人服务驿站"将以村工联会为平台，切实为新农人群体提供就业招聘、创业指导、技能培训、法律维权、帮扶救助等方面的贴心服务，同时发挥农业劳模和"土专家""田秀才"的带动作用，建立农业劳模工作室，开展技能培训、劳模工匠交流等活动,满足辖区农民、农业企业对专业农业技术辅导的需求。

这是攀枝花市总工会把服务"手臂"延伸到乡村的一项探索实践,也为各地探索村级工会建设提供了很好的借鉴。

(资料来源:根据《工人日报》2023年3月28日第2版刊登文章《"新农人服务驿站"亮相农家院落》整理)

【经典案例】

山东聊城:"16102"让"小三级"工会建起来、活起来

"16102"是聊城市总工会为扩大工会组织覆盖面创新实施的工作机制,是指"围绕一个目标、强化六大载体、开展十项服务、达到两个普遍"。2021年以来,聊城市总紧紧围绕实现工会基层基础过硬的目标,通过加强区域性行业性工会联合会建设,开展新就业形态劳动者建会入会工作,培育和引导社会组织、行业协会、农民合作社成立工会,探索建会工作向有条件的村级延伸六大载体,使全市基层工会实现组织数、会员数和制度化、标准化水平双提升,让乡镇(街道)—村(社区)—企业"小三级"工会真正建起来、活起来。

针对农民工居住地都在乡镇村庄、打工相对集中在小微企业、大部分分布在八大领域的特点,聊城市总坚持"组建从便,入会从简,维权从宽",创新建立职工企业外单体入会模式,在乡镇建立灵活就业人

员联合基层工会，最大限度地吸收农民工"进家"。聊城市总工会还选取度假区、茌平区和临清市为"1+3"模式试点，打造乡镇样板，将试点经验在全市推广，实现了全市乡镇全覆盖。截至2022年年底，全市建成新就业形态工会806家，创新建立全省首家市级新就业形态工会联合会，发展新就业形态、农民工等会员25万人，超11倍完成了山东省总工会下发的农民工入会任务，荣获全省农民工入会考核第一名。

"16102"机制："1"即围绕一个目标，紧紧围绕实现工会基层基础过硬这个目标。"6"即强化六大载体：一是25人以上新就业形态企业建立单独工会组织；二是建立全省首家市级新就业形态工会联合会；三是建立乡镇灵活就业人员联合基层工会；四是强力实施新就业形态建会集中行动；五是配强四级服务新就业形态劳动者工会干部队伍；六是建好"会、站、家"一体化服务新就业形态劳动者工会阵地。"10"即开展十送服务：思想引领送自信、技能培训送知识、劳动竞赛送体面、技能比武送激励、集体协商送政策、民主公开送保障、安全防范送平安、文体活动送健康、互助帮困送温暖、化解矛盾送和谐。"2"即达到两个普遍：全市新就业形态企业普遍建立工会；全市新就业形态劳动者普遍加入工会。

部门联动，大排查强组建

聊城市总工会成立了以党组书记、常务副主席任组长的新就业形态建会工作领导小组，组建工作专

第六章　组织振兴与工会工作

班,强力实施新就业形态建会百日攻坚行动。召开百日攻坚行动推进会,制订下发行动实施方案,有力推动工作落实。

联合市交通运输局、市场监管局等相关部门,深入企业一线,摸底调研,对全市新就业形态企业进行"拉网式"大排查,以"广普查、抓规范"为抓手,通过"捡芝麻""补窟窿"方式,建立小微企业和未建会企业"清单式"数据库。层层压实责任,把排查任务分配到每个乡镇,实行台账制管理,周调度,月通报,对排查出未建会企业实行市、县总工会领导分包责任制,上门指导建会。截至2022年年底,全市建立快递企业工会96家,发展会员6356人;外卖企业工会17家,发展会员1375人。货车司机工会588家,发展会员27059人;网约车企业工会14家,发展会员917人。企业建会率达100%。

区域兜底,拓链条广覆盖

为加强对全市新就业形态工会的管理,借鉴产业工会模式,成立了全省首家市级新就业形态工会联合会。该联合会涵盖新就业形态工会715家,会员35707人。市总工会兼职副主席任联合会主席,设立专门的新就业形态联合会办公室,配备专职工会干部2名,兼职7名。配强市、县、镇、村四级新就业形态工会干部队伍。截至目前,配备专职工会干部68名、兼职2168名、社工132名、村级工会联络员6126名。实现工会触角延伸至最基层的乡村,工会联络员覆盖所有行政村。

创新建立职工企业外单体入会模式，在乡镇（街道）、村（社区）建立灵活就业人员联合基层工会，兜底吸收辖区内新就业形态劳动者入会。截至目前，全市已建立乡镇（街道）灵活就业人员联合基层工会135家，社区工会48家，村级工会122家，彻底解决辖区内新就业形态劳动者入会难问题。

　　十送服务，增黏性聚人心

　　针对新就业形态劳动者工作特点和职业需求，以"会、站、家"一体化建设为抓手，大力推进服务新就业形态劳动者工会阵地建设。先后投资1100余万元，建成临清市快递员之家、开发区货车司机之家等服务新就业形态劳动者"会、站、家"一体化工会阵地39家，户外服务驿站252家。配备了健身器材、空调、微波炉、电视、图书、饮水机等设施，极大丰富了新就业形态劳动者的业余生活。同时，创新实施《聊城市工会服务新就业形态劳动者"十送工作法"》，投资800余万元，组织开展法律宣传、心理讲座、技能竞赛、安全知识培训等各类服务活动978次，深入一线开展"大走访"活动。让广大新就业形态劳动者切实感受到了"娘家人"的温暖。

　　（资料来源：根据山东省聊城市总工会提供材料整理）

【经典案例】

山东济南长清区：村居工会让农民工找到"娘家人"

　　为扩大对新就业形态劳动者、灵活就业人员、农

第六章　组织振兴与工会工作

民工等群体的组织覆盖和工作覆盖，山东济南长清区总工会全面加强村居（社区）工会组织建设工作，最大限度地把农民工团结在党的周围。自村居（社区）建会专项工作以来，共完成105个村居建会数，吸纳入会人数5000余人。在经济发达、企业聚集、职工人数较多的村居（社区），成立村居（社区）工会联合会，同时建立了经费审查委员会、女职工委员会、设立工会劳动法律监督委员会。

加强组织领导

充分发挥党工共建优势，凝聚推动建会入会的工作合力，逐步提升村、居（社区）、新就业形态行业企业工会工作水平。紧密结合村居（社区）基层党组织标准化、规范化建设，引导经济发达、企业聚集、职工人数较多的村居（社区）逐步建立工会组织，最大限度地把辖区内村（社区）干部、村（社区）卫生所人员、村（社区）公益性岗位人员，村级集体经济组织、农业专业合作社、社会组织、小微企业的职工，以及在村（社区）区域内零星就业的农民工、新就业形态劳动者等吸收到村（社区）工会组织中来。

健全工作制度

长清区总工会结合实际，制定了《济南市长清区总工会关于加强村、居（社区）、新就业形态行业企业工会建设的意见》，并召开了各街道及村居（社区）现场推进会，制定了2023—2025年全区村居（社区）工会建设三年规划以及相应的补助政策，着力抓好乡村企业建会入会工作。街镇总工会定期将村、居（社区)、新就业形态行业企业工会建设纳入重要议事日程，一同研究部署，一同考核检查。为进一步推动《意见》的贯彻实施，区总工会加大检查督促力度，定期检查各镇街的贯彻落实情况，推动工会工作落到实处，取得实效。

创新工作方式

充分用好山东网上工会组织系统，为每一个村（社区）工会赋予二维码，积极推行"扫码"入会、"指尖入会"，充分利用微信群等现代传播手段，最大化地便捷职工入会转会；强化线上线下融合，区总工会基层部以及各街道工会主席上家门，点对点、面对面宣传讲解组建村级工会和农民工加入工会的好处，以此增强农民工对工会的亲近感和认同度，手把手地为农民工讲解"齐鲁工惠"各类功能及操作方法，让广大农民工从直观服务中体会到工会组织的关爱和温暖，倍增服务能力和效果；召开村居（社区）负责人会议，宣讲建会奖补政策，宣传建会十大好处，让村居（社区）负责人真正了解工会、认识工会。

（资料来源：根据山东省济南市长清区总工会提供材料整理）

附　　录

一　乡村振兴政策梳理

党的十九大将乡村振兴确立为国家战略以来，党中央、国务院发出庄严号召，亿万中国人民意气风发，奋勇向前，中国乡村正迈步走在乡村振兴、共同富裕的道路上。2021年2月，国家乡村振兴局设立，标志着中国"三农"工作的重要任务已从脱贫攻坚转换到全面推进乡村振兴的新时代使命，这个具有里程碑意义的重大转换，要求各级党委农办、农业农村和乡村振兴部门要自觉把使命任务坚定不移地转移到巩固拓展脱贫攻坚成果接续推进乡村全面振兴上来，要把资源力量、政策举措、工作安排切实转移到全面推进乡村振兴上来。2018年9月，中共中央、国务院颁布《乡村振兴战略规划2018—2022》，从规划层面为乡村振兴战略实施明确了具体方向；2019年6月，国务院发布《关于促进乡村产业振兴的指导意见》（国发〔2019〕12号），为乡村产业振兴提供了指导和遵循；2021年2月，中共中央办公厅、国务院办公厅印发了《关于加快推进乡村人才振兴的意见》（中办发〔2021〕9

号），为促进各类人才投身乡村建设提供了行动指南；2021年4月29日，第十三届全国人民代表大会常务委员会第二十八次会议通过《中华人民共和国乡村振兴促进法》，全面总结我国"三农"工作法治实践，从法律层面保障农业农村优先发展，标志着我国乡村振兴在法律层面迈出了重要一步；2022年5月，中共中央办公厅、国务院办公厅印发《乡村建设行动实施方案》，为实施乡村建设提供了政策遵循。中央一号文件连续二十年关注农业农村工作，2018年、2021年、2022年、2023年、2024年中央一号文件标题锁定乡村振兴，成为中国乡村振兴的灯塔型指引文件。

（一）以"三农"工作为主题的历年中央一号文件（1982—1986年和2004—2024年）

中央一号文件，顾名思义就是中共中央每年发布的第一份文件，通常在年初发布。1949年10月1日，中华人民共和国中央人民政府开始发布《第一号文件》。1982年至今，中共中央、国务院已经发布了以"三农"工作为主题的26个中央一号文件，主要包括1982—1986年的5个中央一号文件，以及2004—2024年的21个中央一号文件。这充分凸显了"三农"问题在中国特色社会主义现代化时期的"重中之重"地位。以下，是对以"三农"工作为主题的历年中央一号文件进行的简单梳理。[①]

★ 1982年1月，中共中央批转1981年12月的《全

---

① 根据1982—1986年和2004年—2024年中央一号文件整理。

附 录

国农村工作会议纪要》，这也是我们通常所说的改革开放后第一个关于"三农"问题的中央一号文件。该文件对党的十一届三中全会后迅速推开的农村改革进行了总结，其主题和核心内容是第一次以中央的名义正式承认了包产到户的合法性，从制度上肯定了多种形式的责任制，特别是包产到户、包干到户或大包干。

★ 1983年1月，中共中央第二个一号文件《当前农村经济政策的若干问题》正式颁布。文件在完善生产责任制的同时，提出了放活农村工商业，促进商品流通。文件指出，农业家庭联产承包责任制"是在党的领导下中国农民的伟大创造，是马克思主义农业合作化理论在我国实践中的新发展"。

★ 1984年1月，中共中央第三个一号文件《关于一九八四年农村工作的通知》正式颁布。文件强调，要继续稳定和完善联产承包责任制（决定土地承包期从原来的3年延长到15年）基础之上，提高生产力水平，梳理流通渠道，发展商品生产。

★ 1985年1月，中共中央第四个一号文件《关于进一步活跃农村经济的十项政策》印发。文件提出，要改革农村经济管理体制，政策核心是取消了30年来农副产品的统购统销制度，对粮、棉等少数重要产品采取国家计划合同收购的新政策，调整产业结构。

★ 1986年1月，中共中央第五个一号文件《关于一九八六年农村工作的部署》下发。该文件肯定了农村改革的方针政策是正确的，必须继续贯彻执行。政策的核心是继续调整统派购制度，保证农民生产的积极性；继续调整农业生产结构，保证农产品的流通顺畅等。

★ 2004年1月，21世纪以来第一个、改革开放以来第六个中央一号文件《中共中央 国务院关于促进农民增加收入若干政策的意见》发布，该文件旨在重点解决20世纪90年代以来我国农业农村工作积弊，针对全国农民人均纯收入连续增长缓慢的情况，进行部署安排。

★ 2005年1月，中共中央第七个一号文件《中共中央 国务院关于进一步加强农村工作提高农业综合生产能力若干政策的意见》发布，文件要求，坚持"多予少取放活"的方针，稳定、完善和强化各项支农政策。强调要把加强农业基础设施建设，加快农业科技进步，提高农业综合生产能力，作为一项重大而紧迫的战略任务，切实抓紧抓好。

★ 2006年2月，中共中央第八个一号文件《中共中央 国务院关于推进社会主义新农村建设的若干意见》发布。文件对党的十六届五中全会提出的社会主义新农村建设的重大历史任务，进行了战略部署，着重提出了社会主义新农村建设的二十字方针："生产发展、生活宽裕、乡风文明、村容整洁、管理民主。"

★ 2007年1月，中共中央第九个一号文件《中共中央 国务院关于积极发展现代农业扎实推进社会主义新农村建设的若干意见》发布，文件提出，要把发展现代农业是社会主义新农村建设的首要任务，要用现代物质条件装备农业，用现代科学技术改造农业，用现代产业体系提升农业，用现代经营形式推进农业，用现代发展理念引领农业，用培养新型农民发展农业，提高农业水利化、机械化

附　录

和信息化水平，提高土地产出率、资源利用率和农业劳动生产率，提高农业素质、效益和竞争力。

★ 2008年1月，中共中央第十个一号文件《中共中央　国务院关于切实加强农业基础建设进一步促进农业发展农民增收的若干意见》发布。文件明确提出，要加强农业基础地位，走中国特色农业现代化道路，建立以工促农、以城带乡长效机制，形成城乡经济一体化的新格局。

★ 2009年2月，中共中央第十一个一号文件《中共中央　国务院关于2009年促进农业稳定发展农民持续增收的若干意见》发布，文件围绕稳粮、增收、强基础、重民生等主题，强调要加大投入力度，优化产业结构，推进改革创新，千方百计保证国家粮食安全和主要农产品有效供给，千方百计促进农民收入持续增长。

★ 2010年1月，中共中央第十二个一号文件《中共中央　国务院关于加大统筹城乡发展力度进一步夯实农业农村发展基础的若干意见》发布，文件强调，破解农村经济发展中面临的问题，夯实农业农村发展基础，必须具备城乡统筹发展的视野，把城乡统筹发展作为全面建设小康社会的根本要求。完善了农业支持保护政策，强调要健全强农惠农政策，推动资源要素向农村配置。

★ 2011年1月，中共中央第十三个一号文件《中共中央　国务院关于加快水利改革发展的决定》发布，该文件以水利改革发展为主题，首次对水利工作进行全面部署。重点内容是加快水利发展，增强水利支撑保障能力，实现水利资源可持续利用。

★ 2012年2月，中共中央第十四个一号文件《中共

中央　国务院关于加快推进农业科技创新持续增强农产品供给保障能力的若干意见》颁布，文件强调，部署农业科技创新，把推进农业科技创新作为"三农"工作的重点，对于推动农业科技跨越式发展，促进农业增产、农民增收、农村繁荣具有重要意义。

★ 2013年1月，中共中央第十五个一号文件《中共中央、国务院关于加快发展现代农业，进一步增强农村发展活力的若干意见》发布，这是党的十八大以来第一个以"三农"为主题的中央一号文件，文件没有延续21世纪以来中央一号文件惯常的攻克某一方面具体问题的思路，重点对现代农业发展进行了战略部署。

★ 2014年1月，中共中央第十六个一号文件《关于全面深化农村改革加快推进农业现代化的若干意见》发布，文件围绕加快推进农业现代化部署全面深化农村改革的各项事宜，制定和出台了一系列针对性强、影响深远的政策措施。具体包括：完善国家粮食安全保障体系；强化农业支持保护制度；建立农业可持续发展长效机制；深化农村土地制度改革；构建新型农业经营体系；加快农村金融制度创新；健全城乡发展一体化体制机制；改善乡村治理机制。

★ 2015年2月，中共中央第十七个一号文件《中共中央　国务院关于加大改革创新力度加快农业现代化建设的若干意见》发布，文件围绕改革创新安排部署农业农村现代化建设的相关事宜，首次提出了农村一、二、三产业融合发展的理念，强调要加快转变农业发展方式、加大惠农政策力度、深入推进新农村建设、全面深化农村改革、

附 录

加强农村法治建设。

★ 2016年1月，中共中央第十八个一号文件《中共中央 国务院关于落实发展新理念加快农业现代化实现全面小康目标的若干意见》发布，文件聚焦加快农业现代化建设和实现全面建设小康目标两个主题，要求以"创新、协调、绿色、开放、共享"五大发展理念，破解"三农"新难题，强调要持续夯实现代农业基础，提高农业质量效益和竞争力；加强资源保护和生态修复，推动农业绿色发展；推进农村产业融合，促进农民收入持续较快增长；推动城乡协调发展，提高新农村建设水平；深入推进农村改革，增强农村发展内生动力；加强和改善党对"三农"工作指导。

★ 2017年2月，中共中央第十九个一号文件《中共中央、国务院关于深入推进农业供给侧结构性改革加快培育农业农村发展新动能的若干意见》颁布，文件以增加农民收入和保障农产品的有效供给为主要目标，以深入推进农业供给侧结构性改革和加快培育农业农村发展新动能为主线，提出了一系列崭新的思路和方法来实现农业新动能的顺畅转变，主要有：优化产品产业结构，着力推进农业提质增效；推行绿色生产方式，增强农业可持续发展能力；壮大新产业新业态，拓展农业产业链价值链；强化科技创新驱动，引领现代农业加快发展；补齐农业农村短板，夯实农村共享发展基础；加大农村改革力度，激活农业农村内生发展动力。

★ 2018年2月，中共中央第二十个一号文件《中共中央 国务院关于实施乡村振兴战略的意见》正式公布。

实施乡村振兴战略是党的十九大做出的重大决策部署,此次文件对如何实施乡村振兴战略做了全面部署,提出了"八个坚持",首次系统地提出了"中国特色的乡村发展道路",要求坚持乡村全面振兴,挖掘乡村多种功能和价值,统筹推进农村经济建设、政治建设、文化建设、社会建设、生态文明建设,强化乡村振兴投入保障,坚持和完善党对"三农"工作的领导。

★ 2019年2月,中共中央第二十一个一号文件《中共中央 国务院关于坚持农业农村优先发展做好"三农"工作的若干意见》发布。文件要求,必须坚持把解决好"三农"问题作为全党工作重中之重不动摇。强调紧紧围绕统筹推进"五位一体"总体布局和协调推进"四个全面"战略布局,牢牢把握稳中求进的工作总基调,落实高质量发展要求,坚持农业农村优先发展总方针,以实施乡村振兴战略为总抓手,对标全面建成小康社会"三农"工作必须完成的硬任务,适应国内外复杂形势变化对农村改革发展提出的新要求,抓重点、补短板、强基础,围绕"巩固、增强、提升、畅通"深化农业供给侧结构性改革,坚决打赢脱贫攻坚战,充分发挥农村基层党组织战斗堡垒作用,全面推进乡村振兴,确保顺利完成到2020年承诺的农村改革发展目标任务。

★ 2020年2月,中共中央第二十二个一号文件《中共中央 国务院关于抓好"三农"领域重点工作确保如期实现全面小康的意见》发布,文件明确2020年两大重点任务是集中力量完成打赢脱贫攻坚战和补上全面小康"三农"领域突出短板,并提出一系列含金量高、操作性强的

附 录

政策举措。主要包括：坚决打赢脱贫攻坚战；对标全面建成小康社会加快补上农村基础设施和公共服务短板；保障重要农产品有效供给和促进农民持续增收；加强农村基层治理；强化农村补短板保障措施。

★ 2021年2月，中共中央第二十三个一号文件《中共中央　国务院关于全面推进乡村振兴加快农业农村现代化的意见》发布。文件指出，民族要复兴，乡村必振兴，要把全面推进乡村振兴作为实现中华民族伟大复兴的一项重大任务，举全党全社会之力加快农业农村现代化。文件强调要坚持农业现代化与农村现代化一体设计、一并推进，这意味着不能把两者割裂开来，更不能说只重视农业现代化，不重视农村现代化。同时强调要把乡村建设摆在社会主义现代化建设的重要位置。文件还有一个创新，即提出要促进农业高质高效、乡村宜居宜业、农民富裕富足，也即"两高两宜两富"理论，是"农业要强、农村要美、农民要富"的阶段性目标表达。

★ 2022年2月，中共中央第二十四个一号文件《中共中央　国务院关于做好2022年全面推进乡村振兴重点工作的意见》发布。文件提出，牢牢守住保障国家粮食安全和不发生规模性返贫两条底线，突出年度性任务、针对性举措、实效性导向，充分发挥农村基层党组织领导作用，扎实有序做好乡村发展、乡村建设、乡村治理重点工作，推动乡村振兴取得新进展、农业农村现代化迈出新步伐。

★ 2023年2月，中共中央第二十五个一号文件《中共中央　国务院关于做好2023年全面推进乡村振兴重点工作的意见》发布。文件指出，全面建设社会主义现代化国家，最艰巨、最繁重的任务仍然在农村。世界百年未有之大变局加速演进，我国发展进入战略机遇和风险挑战并存、不确定难预料因素增多的时期，守好"三农"基本盘至关重要、不容有失。文件强调，强国必先强农，农强方能国强。必须坚持不懈把解决好"三农"问题作为全党工作的重中之重，举全党全社会之力全面推进乡村振兴，加快农业农村现代化。

★ 2024年2月，中共中央第二十六个一号文件《中共中央 国务院关于学习运用"千村示范、万村整治"工程经验有力有效推进乡村全面振兴的意见》发布。文件指出，推进中国式现代化，必须坚持不懈夯实农业基础，推进乡村全面振兴。要学习运用"千万工程"蕴含的发展理念、工作方法和推进机制，把推进乡村全面振兴作为新时代新征程"三农"工作的总抓手。文件强调，要坚持和加强党对"三农"工作的全面领导，锚定建设农业强国目标，以学习运用"千万工程"经验为引领，以确保国家粮食安全、确保不发生规模性返贫为底线，以提升乡村产业发展水平、提升乡村建设水平、提升乡村治理水平为重点，强化科技和改革双轮驱动，强化农民增收举措，打好乡村全面振兴漂亮仗，绘就宜居宜业和美乡村新画卷，以加快农业农村现代化更好推进中国式现代化建设。

（二）农业农村部规章与规范性文件

农业农村部是全国乡村振兴的首脑机关，其文件举措接连不断，是全国乡村振兴的指导性文件，工作指南。现

附 录

将农业农村部已出台的几百个有效规章和规范性文件,摘录如下。①

二 农业农村部规章目录

★ 兽用麻醉药品的供应、使用、管理办法〔1980年11月20日〔80〕农业(牧)字第34号、〔80〕卫药字36号、〔80〕国药供字第545号公布〕

★ 渔船作业避让规定〔1983年9月20日农牧渔业部〔83〕农(管)字第28号公布,2007年11月8日农业部令第6号修订〕

★ 农业部关于确定经济价值较高的渔业资源品种目录的通知〔1989年5月30日〔1989〕农(渔政)字第13号公布〕

★ 农业部关于"中华人民共和国渔业船舶油类记录簿"使用办法的通知〔1989年6月27日〔1989〕农(渔政)字第14号公布〕

★ 农业部关于下发《海洋渔业船舶船员证书》考试发证收费标准的通知〔1989年7月20日〔1989〕农(渔政)字第28号公布,2019年4月25日农业农村部令2019年第2号修订〕

★ 农业部植物检疫员管理办法(试行)〔1990年11

---

① 材料来源于农业农村部官方网站信息,http://www.moa.gov.cn/gk/nyncbgzk/index_1.htm；郭小嫚等主编:《乡村振兴研究报告》,研究出版社2022年版。

月8日〔1990〕农（农）字第40号公布］

★ 农业部关于禁止在公海使用大型流网作业的通知［1991年6月8日〔1991〕农（渔政）字第3号公布］

★ 农村集体经济组织审计规定（1992年5月12日农业部令第11号公布，2007年11月8日农业部令第6号修订）

★ 渔港费收规定［1993年10月7日〔1993〕农（渔政）字第15号公布，2011年12月31日农业部令2011年第4号修订］

★ 国外引种检疫审批管理办法［1993年11月10日〔1993〕农（农）字第18号公布，1999年6月3日农（农）字发〔1999〕7号、2017年4月17日农办农〔2017〕8号、2019年10月14日中华人民共和国农业农村部公告第222号修订］

★ 农业部关于实施《清理取缔"三无"船舶通告》有关事项的通知（1994年11月8日〔1994〕农渔发21号公布）

★ 植物检疫条例实施细则（农业部分）（1995年2月25日农业部令第5号公布，1997年12月25日农业部令1997年第39号、2004年7月1日农业部令2004年第38号、2007年11月8日农业部令2007年第6号修订）

★ 水产品批发市场管理办法（1996年11月27日农渔发〔1996〕13号公布，2007年11月8日农业部令2007年第6号修订）

★ 渔业水域污染事故调查处理程序规定（1997年3月26日农业部令第13号公布）

★ 进出口农作物种子（苗）管理暂行办法（1997年

附　　录

3月28日农业部令第14号公布、2022年1月7日农业农村部令2022年第1号修订)

★渔业行政处罚规定（1998年1月5日农业部令第36号公布，2022年1月7日农业农村部令2022年第1号修订）

★渔业船舶船名规定（1998年3月2日农渔发〔1998〕1号公布，2007年11月8日农业部令2007年第6号、2010年11月26日农业部令2010年第11号、2013年12月31日农业部令2013年第5号修订）

★水产原、良种审定办法（1998年3月2日农渔发〔1998〕2号公布，2004年7月1日农业部令第38号修订）

★农业行政执法证件管理办法（1998年10月15日农业部令第1号公布）

★兽用安钠咖管理规定（1999年3月22日农牧发〔1999〕5号公布，2007年11月8日农业部令第6号修订）

★中华人民共和国动物及动物源食品中残留物质监控计划和官方取样程序（1999年5月11日农牧发〔1999〕8号公布）

★吕泗、长江口和舟山渔场部分海域捕捞许可管理规定（1999年2月13日农渔发〔1999〕3号公布）

★中日渔业协定暂定措施水域管理暂行办法（1999年3月5日农业部令第8号公布，2004年7月1日农业部令2004年第38号、2022年1月7日农业农村部令2022年第1号修订）

★中华人民共和国水生野生动物利用特许办法（1999年6月24日农业部令第15号公布，2004年7月1日农业部令2004年第38号、2010年11月26日农业部令2010年第11号、2013年12月31日农业部令2013年第5号、2017年11月30日农业部令2017年第8号、2019年4月25日农业农村部令2019年第2号修订）

★ 中华人民共和国管辖海域外国人、外国船舶渔业活动管理暂行规定（1999年6月24日农业部令第18号公布，2004年7月1日农业部令2004年第38号、2022年1月7日农业农村部令2022年第1号修订）

★ 渔业船舶航行值班准则（试行）（1999年11月8日农渔发〔1999〕10号公布）

★ 中华人民共和国农业植物新品种保护名录（第一批）（1999年6月16日农业部令第14号发布）

★ 中华人民共和国农业植物新品种保护名录（第二批）（2000年3月7日农业部令第27号发布）

★ 肥料登记管理办法（2000年6月23日农业部令第32号公布，2004年7月1日农业部令2004年第38号、2017年11月30日农业部令2017年第8号、2022年1月7日农业农村部令2022年第1号修订）

★ 中华人民共和国渔业行政执法船舶管理办法（2000年6月13日农业部令第33号公布）

★ 中华人民共和国渔业港航监督行政处罚规定（2000年6月13日农业部令第34号公布）

★ 中韩渔业协定暂定措施水域和过渡水域管理办法（2001年2月16日农业部令第47号公布，2004年7月1日农业部令2004年第38号、2019年4月25日农业农村部令2019年第2号、2022年1月7日农业农村部令2022

附　录

年第 1 号修订）

★ 农业部植物新品种复审委员会审理规定（2001 年 2 月 26 日农业部令第 45 号公布）

★ 中华人民共和国农业植物新品种保护名录（第三批）（2001 年 2 月 26 日农业部令第 46 号发布）

★ 甘草和麻黄草采集管理办法（2001 年 10 月 16 日农业部令第 1 号公布）

★ 兽药质量监督抽样规定（2001 年 12 月 10 日农业部令第 6 号公布，2007 年 11 月 8 日农业部令第 6 号修订）

★ 水产苗种管理办法（2001 年 12 月 10 日农业部令第 4 号公布，2005 年 1 月 5 日农业部令 2005 年第 46 号修订）

★ 中华人民共和国农业植物新品种保护名录（第四批）（2002 年 1 月 4 日农业部令第 3 号发布）

★ 农业转基因生物标识管理办法（2002 年 1 月 5 日农业部令第 10 号公布，2004 年 7 月 1 日农业部令 2004 年第 38 号、2017 年 11 月 30 日农业部令 2017 年第 8 号修订）

★ 农业转基因生物安全评价管理办法（2002 年 1 月 5 日农业部令第 8 号公布，2004 年 7 月 1 日农业部令第 38 号、2016 年 7 月 25 日农业部令 2016 年第 7 号、2017 年 11 月 30 日农业部令 2017 年第 8 号、2022 年 1 月 21 日农业农村部令 2022 年第 2 号修订）

★ 农业转基因生物进口安全管理办法（2002 年 1 月 5 日农业部令第 9 号公布，2004 年 7 月 1 日农业部令第 38 号、2017 年 11 月 30 日农业部令 2017 年第 8 号修订）

★ 兽药生产质量管理规范（2002 年 3 月 19 日农业部令第 11 号公布，2017 年 11 月 30 日农业部令 2017 年第 8

号修订）

★ 无公害农产品管理办法（2002年4月29日农业部、质检总局令第12号公布，2007年11月8日农业部令2007年第6号修订）

★ 农业野生植物保护办法（2002年9月6日农业部令第21号公布，2004年7月1日农业部令2004年第38号、2013年12月31日农业部令2013年第5号、2016年5月30日农业部令2016年第3号、2022年1月7日农业农村部令2022年第1号修订）

★ 兽药标签和说明书管理办法（2002年10月31日农业部令第22号公布，2004年7月1日农业部令2014年第38号、2007年11月8日农业部令2007年第6号、2017年11月30日农业部令2017年第8号修订）

★ 农业部立法工作规定（2002年12月27日农业部令第25号公布）

★ 农业植物新品种权侵权案件处理规定（2002年12月30日农业部令第24号公布）

★ 联合收割机跨区作业管理办法（2003年7月4日农业部令第29号公布，2004年7月1日农业部令2004年第38号、2007年11月8日农业部令2007年第6号、2019年4月25日农业农村部令2019年第2号修订）

★ 农作物种子质量纠纷田间现场鉴定办法（2003年7月8日农业部令第28号公布）

★ 农作物种质资源管理办法（2003年7月8日农业部令第30号公布，2004年7月1日农业部令2004年第38号、2022年1月7日农业农村部令2022年第1号修订）

附　录

★ 水产养殖质量安全管理规定（2003 年 7 月 24 日农业部令第 31 号公布）

★ 中华人民共和国农业植物品种保护名录（第五批）（2003 年 8 月 5 日农业部令第 32 号发布）

★ 中华人民共和国农村土地承包经营权证管理办法（2003 年 11 月 14 日农业部令第 33 号公布）

★ 渤海生物资源养护规定（2004 年 2 月 12 日农业部令第 34 号公布，2004 年 7 月 1 日农业部令 2004 年第 38 号、2010 年 11 月 26 日农业部令 2010 年第 11 号修订）

★ 农业行政许可听证程序规定（2004 年 6 月 28 日农业部令第 35 号公布）

★ 农业转基因生物加工审批办法（2006 年 1 月 27 日农业部令第 59 号公布，2019 年 4 月 25 日农业农村部令 2019 年第 2 号修订）

★ 拖拉机驾驶培训管理办法（2004 年 8 月 15 日农业部令第 41 号公布，2019 年 4 月 25 日农业农村部令 2019 年第 2 号修订）

★ 兽药注册办法（2004 年 11 月 24 日农业部令第 44 号公布）

★ 农作物种子质量监督抽查管理办法（2005 年 3 月 10 日农业部令第 50 号公布）

★ 中华人民共和国农业植物品种保护名录（第六批）（2005 年 5 月 20 日农业部令第 51 号发布）

★ 高致病性动物病原微生物实验室生物安全管理审批办法（2005 年 5 月 20 日农业部令第 52 号公布，2016 年 5 月 30 日农业部令 2016 年第 3 号修订）

★ 动物病原微生物分类名录（2005年5月24日农业部令第53号公布）

★ 新兽药研制管理办法（2005年8月31日农业部令第55号公布，2016年5月30日农业部令2016年第3号、2019年4月25日农业农村部令2019年第2号修订）

★ 草种管理办法（2006年1月12日农业部令第56号公布，2013年12月31日农业部令2013年第5号、2014年4月25日农业部令2014年第3号、2015年4月29日农业部令2015年第1号修订）

★ 食用菌菌种管理办法（2006年3月27日农业部令第62号公布，2013年12月31日农业部令2013年第5号、2014年4月25日农业部令2014年第3号、2015年4月29日农业部令2015年第1号修订）

★ 农业机械维修管理规定（2006年5月10日农业部、工商总局令第57号公布，2016年5月30日农业部令2016年第3号、2019年4月25日农业农村部令2019年第2号修订）

★ 畜禽遗传资源保种场保护区和基因库管理办法（2006年6月5日农业部令第64号公布）

★ 畜禽新品种配套系审定和畜禽遗传资源鉴定办法（2006年6月5日农业部令第65号公布）

★ 优良种畜登记规则（2006年6月5日农业部令第66号公布）

★ 畜禽标识和养殖档案管理办法（2006年6月26日农业部令第67号公布）

★ 蚕种管理办法（2006年6月28日农业部令第68号公

附　录

布，2022 年 1 月 7 日农业农村部令 2022 年第 1 号修订）

★ 农业机械质量调查办法（2006 年 8 月 20 日农业部令第 69 号公布）

★ 农产品包装和标识管理办法（2006 年 10 月 17 日农业部令第 70 号公布）

★ 农产品产地安全管理办法（2006 年 10 月 17 日农业部令第 71 号公布）

★ 兽药进口管理办法（2007 年 7 月 31 日农业部、海关总署令第 2 号公布，2019 年 4 月 25 日农业农村部令 2019 年第 2 号、2022 年 1 月 7 日农业农村部令 2022 年第 1 号修订）

★ 农产品质量安全检测机构考核办法（2007 年 12 月 12 日农业部令第 7 号公布，2017 年 11 月 30 日农业部令 2017 年第 8 号修订）

★ 农产品地理标志管理办法（2007 年 12 月 25 日农业部令第 11 号公布，2019 年 4 月 25 日农业农村部令 2019 年第 2 号修订）

★ 中华人民共和国植物新品种保护条例实施细则（农业部分）（2007 年 9 月 19 日农业部令第 5 号公布，2011 年 12 月 31 日农业部令 2011 年第 4 号、2014 年 4 月 25 日农业部令 2014 年第 3 号修订）

★ 渔业航标管理办法（2008 年 4 月 10 日农业部令第 13 号公布）

★ 中华人民共和国农业植物品种保护名录（第七批）（2008 年 4 月 21 日农业部令第 14 号公布）

★ 生鲜乳生产收购管理办法（2008 年 11 月 7 日农业

部令第15号公布）

★动物病原微生物菌（毒）种保藏管理办法（2008年11月26日农业部令第16号公布，2016年5月30日农业部令2016年第3号、2022年1月7日农业农村部令2022年第1号修订）

★乡村兽医管理办法（2008年11月26日农业部令第17号公布，2019年4月25日农业农村部令2019年第2号修订）

★执业兽医管理办法（2008年11月26日农业部令第18号公布，2013年9月28日农业部令2013年第3号、2013年12月31日农业部令2013年第5号修订）

★动物诊疗机构管理办法（2008年11月26日农业部令第19号公布，2016年5月30日农业部令2016年第3号、2017年11月30日农业部令2017年第8号修订）

★水生生物增殖放流管理规定（2009年3月24日农业部令第20号公布）

★农村土地承包经营纠纷仲裁规则（2009年12月29日农业部、林业局令2010年第1号公布）

★农村土地承包仲裁委员会示范章程（2009年12月29日农业部、林业局令2010年第2号公布）

★农业植物疫情报告与发布管理办法（2010年1月18日农业部令第4号公布）

★兽药经营质量管理规范（2010年1月15日农业部令第3号公布，2017年11月30日农业部令2017年第8号修订）

★中华人民共和国农业植物品种保护名录（第八批）

附 录

（2010年1月18日农业部令第8号公布）

★动物检疫管理办法（2010年1月21日农业部令第6号公布，2019年4月25日农业农村部令2019年第2号修订）

★动物防疫条件审查办法（2010年1月21日农业部令第7号公布）

★家畜遗传材料生产许可办法（2010年1月21日农业部令第5号公布，2015年10月30日农业部令2015年第3号修订）

★水域滩涂养殖发证登记办法（2010年5月24日农业部令2010年第9号公布）

★水产种质资源保护区管理暂行办法（2011年1月5日农业部令2011年第1号公布，2016年5月30日农业部令2016年第3号修订）

★农业机械事故处理办法（2011年1月12日农业部令第2号公布，2022年1月7日农业农村部令2022年第1号修订）

★农业植物品种命名规定（2012年3月14日农业部令第2号公布，2022年1月21日农业农村部令2022年第2号修订）

★绿色食品标志管理办法（2012年7月30日农业部令第6号公布，2019年4月25日农业农村部令2019年第2号、2022年1月7日农业农村部令2022年第1号修订）

★农产品质量安全监测管理办法（2012年8月14日农业部令2012年第7号公布，2022年1月7日农业农村部令2022年第1号修订）

★ 饲料和饲料添加剂生产许可管理办法（2012年5月2日农业部令第3号公布，2013年12月31日农业部令2013年第5号、2016年5月30日农业部令第3号、2017年11月30日农业部令2017年第8号、2022年1月7日农业部令2022年第1号修订）

★ 新饲料和新饲料添加剂管理办法（2012年5月2日农业部令第4号公布，2016年5月30日农业部令2016年第3号、2022年1月7日农业农村部令2022年第1号修订）

★ 饲料添加剂产品批准文号管理办法（2012年5月2日农业部令第5号公布，2022年1月7日农业农村部令2022年第1号修订）

★ 绿色食品标志管理办法（2012年7月30日农业部令2012年第6号公布，2019年4月25日农业农村部令2019年第2号、2022年1月7日农业农村部令2022年第1号修订）

★ 中华人民共和国渔业船舶登记办法（2012年10月22日农业部令第8号公布，2013年12月31日农业部令2013年第5号、2019年4月25日农业农村部令2019年第2号修订）

★ 渔业船舶水上安全事故报告和调查处理规定（2012年12月25日农业部令2012年第9号公布）

★ 中华人民共和国农业植物品种保护名录（第九批）（2013年4月11日农业部令第1号公布）

★ 兽用处方药和非处方药管理办法（2013年9月11日农业部令第2号公布）

附　录

★ 饲料质量安全管理规范（2014年1月13日农业部令第1号公布，2017年11月30日农业部令2017年第8号修订）

★ 进口饲料和饲料添加剂登记管理办法（2014年1月13日农业部令第2号公布，2016年5月30日农业部令2016年第3号、2017年11月30日农业部令2017年第8号修订）

★ 中华人民共和国渔业船员管理办法（2014年5月23日农业部令2014年第4号公布，2017年11月30日农业部令2017年第8号、2022年1月7日农业农村部令2022年第1号修订）

★ 兽药产品批准文号管理办法（2015年12月3日农业部令第4号公布，2019年4月25日农业农村部令2019年第2号、2022年1月7日农业农村部令2022年第1号修订）

★ 中华人民共和国农业植物品种保护名录（第十批）（2016年4月16日农业部令第1号发布）

★ 耕地质量调查监测与评价办法（2016年6月21日农业部令第2号公布）

★ 主要农作物品种审定办法（2016年7月8日农业部令第4号公布，2019年4月25日农业农村部令2019年第2号、2022年1月21日农业农村部令2022年第2号修订）

★ 农作物种子生产经营许可管理办法（2016年7月8日农业部令第5号公布，2017年11月30日农业部令2017年第8号、2019年4月25日农业农村部令2019年第2号、2020年7月8日农业农村部令2020年第5号、2022年1月

7日农业农村部令2022年第1号、2022年1月21日农业农村部令2022年第2号修订）

★ 农作物种子标签和使用说明管理办法（2016年7月8日农业部令第6号公布）

★ 非主要农作物品种登记办法（2017年3月30日农业部令第1号公布）

★ 中华人民共和国农业植物品种保护名录（第十一批）（2019年2月22日农业农村部令第1号公布）

★ 农药登记管理办法（2017年6月21日农业部令第3号公布，2018年12月6日农业农村部令2018年第2号、2022年1月7日农业农村部令2022年第1号修订）

★ 农药生产许可管理办法（2017年6月21日农业部令第4号公布，2018年12月6日农业农村部令2018年第2号修订）

★ 农药经营许可管理办法（2017年6月21日农业部令第5号公布，2018年12月6日农业农村部令第2号修订）

★ 农药登记试验管理办法（2017年6月21日农业部令第6号公布，2018年12月6日农业农村部令第2号、2022年1月7日农业农村部令2022年第1号修订）

★ 农药标签和说明书管理办法（2017年6月21日农业部令第7号公布）

★ 无规定动物疫病区评估管理办法（2017年5月27日农业部令第2号公布）

★ 农用地土壤环境管理办法（试行）（2017年9月25日生态环境部、农业部令第46号公布）

★ 拖拉机和联合收割机驾驶证管理规定（2018年1

附　录

月 15 日农业部令第 1 号公布）

★ 拖拉机和联合收割机登记规定（2018 年 1 月 15 日农业部令第 2 号公布，2018 年 12 月 6 日农业农村部令 2018 年第 2 号修订）

★ 渔业捕捞许可管理规定（2018 年 12 月 3 日农业农村部令第 1 号公布，2020 年 7 月 8 日农业农村部令 2020 年第 5 号、2022 年 1 月 7 日农业农村部令 2022 年第 1 号修订）

★ 农业机械试验鉴定办法（2018 年 12 月 30 日农业农村部令第 3 号公布）

★ 农作物种子质量检验机构考核管理办法（2019 年 8 月 27 日农业农村部令第 3 号公布，2022 年 1 月 7 日农业农村部令 2022 年第 1 号修订）

★ 农田建设项目管理办法（2019 年 8 月 27 日农业农村部令第 4 号公布）

★ 水生野生动物及其制品价值评估办法（2019 年 8 月 27 日农业农村部令第 5 号公布）

★ 农业行政处罚程序规定（2020 年 1 月 14 日农业农村部令 2020 年第 1 号公布，2021 年 12 月 21 日农业农村部令第 4 号修定）

★ 远洋渔业管理规定（2020 年 2 月 10 日农业农村部令第 2 号公布）

★ 兽药生产质量管理规范（2020 年修订）（2020 年 4 月 21 日农业农村部令第 3 号公布）

★ 农用薄膜管理办法（2020 年 7 月 3 日农业农村部、工业和信息化部、生态环境部、市场监管总局令第 4 号公布）

★ 农药包装废弃物回收处理管理办法（2020年8月27日农业农村部、生态环境部令2020年第6号公布）

★ 农村土地经营权流转管理办法（2021年1月26日农业农村部令第1号公布）

★ 兽用生物制品经营管理办法（2021年3月17日农业农村部令第2号公布）

★ 农业农村部行政许可实施管理办法（2021年12月14日农业农村部令第3号公布）

★ 农作物病虫害监测与预报管理办法（2021年12月24日农业农村部令第6号公布）

★ 长江水生生物保护管理规定（2021年12月21日农业农村部令第5号公布）

★ 新型农业经营主体辅导员工作规程（2022年5月10日农办经〔2022〕4号公布）

★ 外来入侵物种管理办法（2022年5月31日中华人民共和国农业农村部 自然资源部 生态环境部 海关总署令2022年第4号公布）

★ 农村土地承包合同管理办法（2023年2月17日中华人民共和国农业农村部令2023年第1号公布）

农业农村部规范性文件目录

★ 农业部、海关总署关于《对外国农药试验实行免税放行办法》的通知〔1988年6月2日〔88〕农（农）字第16号公布〕

★ 农业部关于印发联合国大会通过禁止在公海使用大

型流网决议的通知［1990年11月10日农（渔政）字第18号公布］

★ 农业农村部关于加强水族馆和展览、表演、驯养繁殖、科研利用水生野生动物管理有关问题的通知（1996年1月22日农渔发〔1996〕3号公布，2019年4月25日农业农村部令2019年第2号修订）

★ 农业部关于加强有关废旧物品进口检疫管理的通知（1996年6月5日农检疫发〔1996〕4号公布）

★ 农业部关于禁止在茶树上使用三氯杀螨醇的通知［1997年6月20日农（农）发〔1997〕11号公布］

★ 中华人民共和国进境植物检疫禁止进境物名录（1997年7月29日农业部公告第72号公布）

★ 农业部关于加强水果、花卉、中药材及牧草检疫工作的通知［1997年8月1日农（农）发〔1997〕77号公布］

★ 农业部、化工部、全国供销合作总社关于停止生产、销售、使用除草醚农药的通知［1997年10月30日农（农）发〔1997〕17号公布］

★ 农业部办公厅关于加强对引进葡萄苗木疫情监测的紧急通知（1998年7月20日〔98〕农明字第75号公布）

★ 农业部、国家出入境检验检疫局关于进一步加强国外引种检疫审批管理工作的通知［1999年6月3日农（农）发〔1999〕7号公布］

★ 农业部关于禁止在茶树上使用氰戊菊酯的通知［1999年11月24日农（农）发〔1999〕20号发布］

★ 允许美国烟叶输华及其检疫措施要求（2001年3月19日农业部、国家出入境检验检疫局公告第151号公布）

★ 暂停从椰心叶甲发生国家及地区引进棕榈科植物种苗（2001年3月26日农业部、林业局、国家出入境检验检疫局公告第154号公布）

★ 允许美国小麦输华及其检疫措施要求（2000年3月20日农业部、对外贸易经济合作部、国家出入境检验检疫局公告第114号公布）

★ 允许美国得克萨斯州、亚利桑那州、佛罗里达州、加利福尼亚州柑橘输华及其检疫措施要求（2000年3月20日农业部、对外贸易经济合作部、国家出入境检验检疫局公告第115号公布）

★ 农业部关于对渔业船舶实施《国际安全管理规则》的通知（2001年3月2日农渔发〔2001〕6号公布）

★ 肥料登记资料要求（2001年5月25日农业部公告第161号公布，2017年11月30日农业部令2017年第8号修订）

★ 农业部、铁道部、交通运输部、邮政局、中国民航局关于加强农业植物及植物产品运输检疫工作的通知〔2001年7月19日农（农）发〔2001〕6号公布〕

★ 禁止在饲料和动物饮水中使用的药物品种目录（2002年2月9日农业部、卫生部、国家食品药品监督管理局公告第176号公布）

★ 农业部、国家新闻出版总署关于全面实行村级订阅报刊费用限额控制制度的通知（2002年4月9日农经发〔2002〕3号公布）

★ 停止受理克百威等高毒农药登记，停止批准高毒剧毒农药分装登记，撤销氧乐果在甘蓝上的登记（2002年4

附　录

月22日农业部公告第194号公布）

★ 公布六六六等国家明令禁止使用的农药和不得在蔬菜、果树、茶叶、中草药材上使用的高毒农药（2002年5月24日农业部公告第199号公布）

★ 无公害农产品标志管理办法（2002年11月25日农业部、国家认监委公告第231号公布）

★ 兽药标签和说明书编写细则（2003年1月22日农业部公告第242号公布）

★ 无公害农产品产地认定程序、无公害农产品认证程序（2003年4月17日农业部、国家认监委公告第264号公布）

★ 撤销甲胺磷等5种高毒农药混配制剂登记，撤销丁酰肼在花生上的登记，强化杀鼠剂的管理（2003年4月30日农业部公告第274号）

★ 农业部关于将北太平洋鱿鱼钓渔业纳入远洋渔业管理有关问题的通知（2003年10月28日农渔发〔2003〕42号公布）

★ 农业部、民政部、财政部、审计署关于推动农村集体财务管理和监督经常化规范化制度化的意见（2003年12月4日农经发〔2003〕11号公布）

★ 三阶段削减甲胺磷等5种高毒有机磷农药的使用，自2007年1月1日起，全面禁止甲胺磷等5种高毒有机磷农药在农业上使用（2003年12月30日农业部公告第322号公布）

★ 农业部关于切实做好农民负担监督卡管理工作的通知（2004年5月21日农经发〔2004〕4号公布）

★ 农业部关于实施《中越北部湾渔业合作协定》的通告（2004年6月15日农业部通告〔2004〕3号公布）

★ 兽药注册资料要求（2004年12月22日农业部公告第442号公布）

★ 新兽药监测期期限（2005年1月7日农业部公告第449号公布）

★ 农业部关于加强农村集体经济组织征地补偿费监督管理指导工作的意见（2005年1月24日农经发〔2005〕1号公布）

★ 农业部关于印发《国家兽医参考实验室管理办法》的通知（2005年2月25日农医发〔2005〕5号公布）

★ 兽药品种编号（2005年3月11日农业部公告第472号公布）

★ 将刺桐姬小蜂确定为中华人民共和国进境植物检疫性有害生物和全国林业检疫性有害生物以及暂停从疫区国家和地区引进刺桐属植物（2005年8月29日农业部、林业局、质检总局公告第538号公布）

★ 农业生产资料监督管理工作暂行规定（2005年10月10日农市发〔2005〕13号公布）

★ 农业部部关于印发《农业信访规定》的通知（2005年12月4日农办发〔2005〕23号公布）

★ 全面禁止甲胺磷等5种高毒有机磷农药在农业上使用（2006年4月4日农业部、工商总局、发展改革委、质检总局公告第632号公布）

★ 农业部关于印发《农业行业职业技能鉴定管理办法》的通知（2006年6月1日农人发〔2006〕6号公布，

附　录

2022年1月7日农业部令2022年第1号修订）

★ 对含甲磺隆、氯磺隆和胺苯磺隆等除草剂产品实行管理措施（2006年6月13日农业部公告第671号公布）

★ 农业部办公厅关于兽药商品名称有关问题的通知（2006年10月10日农办医〔2006〕48号公布）

★ 农业部关于印发《神农中华农业科技奖奖励办法（试行）》的通知（2006年10月12日农科教发〔2006〕6号公布）

★ 进一步加强对含有八氯二丙醚农药产品的管理（2006年11月20日农业部公告第747号公布）

★ 农业部关于加强兽用生物制品生产检验原料监督管理的通知（2006年11月22日农医发〔2006〕10号公布）

★ 农业部、卫计委、工商总局关于印发《活禽经营市场高致病性禽流感防控管理办法》的通知（2006年12月18日农医发〔2006〕11号公布）

★ 农业部、外交部、公安部、海关总署关于加强对赴境外作业渔船监督管理的通知（2007年2月1日农渔发〔2007〕4号公布）

★ 农业部办公厅关于发布《兽药GMP检查员管理办法》的通知（2007年3月28日农办医〔2007〕8号公布）

★ 淘汰兽药品种目录（2007年4月4日农业部公告第839号公布）

★ 农业部关于加强老旧渔业船舶管理的通知（2007年4月30日农渔发〔2007〕11号公布）

★ 中华人民共和国进境植物检疫性有害生物名录（2007年5月28日农业部公告第862号公布）

★ 农业部农产品质量安全监督抽查实施细则（2007年6月10日农办市〔2007〕21号公布）

★ 农业部产品质量监督检验测试机构管理办法（2007年8月8日农市发〔2007〕23号公布）

★ 农业部办公厅关于印发《渔业水域污染事故信息报告及应急处理工作规范》的通知（2007年8月3日农办渔〔2007〕63号公布）

★ 由农业部审批的高致病性动物病原微生物实验活动范围（2007年8月20日农业部公告第898号公布）

★ 农业部办公厅关于加强村集体经济组织民主理财民主监督的意见（2007年9月29日农办经〔2007〕19号公布）

★ 农业部办公厅关于进一步加强动物耳标识读器招标管理工作的通知（2007年11月1日农办医〔2007〕41号公布）

★ 国家重点保护经济水生动植物资源名录（第一批）（2007年12月12日农业部公告第948号公布）

★ 农业部关于发布《国家兽药残留基准实验室管理规定》的通知（2008年1月2日农医发〔2008〕1号公布）

★ 农业部关于印发《农业机械质量投诉监督管理办法》的通知（2008年1月14日农机发〔2008〕1号公布）

★ 农业部关于印发《农业部行政许可网上投诉举报处理暂行办法》的通知（2008年3月24日农办发〔2008〕5号公布）

★ 农业部关于印发《农业部信息公开规定》的通知（2008年4月25日农办发〔2008〕8号公布）

★ 农业部办公厅关于规范金枪鱼渔业渔捞日志的通知

附　录

(2008 年 7 月 19 日农办渔〔2008〕44 号公布)

★ 农产品地理标志登记程序、农产品地理标志使用规范（2008 年 8 月 8 日农业部公告第 1071 号公布）

★ 农业部、国家食品药品监督管理总局关于加强麻黄碱监管工作的紧急通知（2008 年 11 月 24 日农医发〔2008〕24 号公布）

★ 一、二、三类动物疫病病种名录（2008 年 12 月 11 日农业部公告第 1125 号公布）

★ 农业部关于进一步规范高致病性动物病原微生物实验活动审批工作的通知（2008 年 12 月 12 日农医发〔2008〕27 号公布）

★ 加强矿物油农药登记管理（2008 年 12 月 25 日农业部公告第 1133 号公布）

★ 人畜共患传染病名录（2009 年 1 月 19 日农业部公告第 1149 号公布）

★ 将扶桑绵粉蚧列入《中华人民共和国进境植物检疫性有害生物名录》（2009 年 2 月 3 日农业部、质检总局公告第 1147 号公布）

★ 执业兽医资格考试违纪行为处理暂行办法（2009 年 3 月 6 日农业部公告第 1174 号公布）

★ 农业部关于加强内陆捕捞渔船管理的通知（2009 年 5 月 5 日农渔发〔2009〕15 号公布）

★ 禁止在饲料中人为添加三聚氰胺和饲料中三聚氰胺限量规定（2009 年 6 月 8 日农业部公告第 1218 号公布）

★ 执业兽医资格考试命题专家管理办法（试行）（2009 年 6 月 11 日农业部公告第 1221 号公布）

★ 口蹄疫、禽流感等不得治疗（2009年8月3日农业部公告第1246号公布）

★ 停止缩二脲作为饲料添加剂生产和使用（2009年10月29日农业部公告第1282号公布）

★ 加强氟虫腈管理（2009年2月25日农业部、工业和信息化部、生态环境部公告第1157号公布）

★ 农业部关于进一步加强农村集体资金资产资源管理指导的意见（2009年6月8日农经发〔2009〕4号公布）

★ 农产品质量安全检测机构考核评审员管理办法、农产品质量安全检测机构考核评审细则（2009年7月21日农业部公告第1239号公布）

★ 农业部办公厅关于进一步规范远洋渔船证件和远洋渔业项目办理程序有关事项的通知（2009年9月2日农办渔〔2009〕90号公布，2019年4月25日农业农村部令2019年第2号修订）

★ 农业部办公厅关于为输欧海洋捕捞产品办理合法捕捞证明的通知（2009年11月26日农办渔〔2009〕126号公布）

★ 农业部定点批发市场信息工作规程（2010年3月22日农办市〔2010〕11号公布）

★ 将扶桑绵粉蚧列为全国农业、林业检疫性有害生物（2010年5月5日农业部、林业局公告第1380号公布）

★ 农业部关于印发《农民专业合作社示范社创建标准（试行）》的通知（2010年6月11日农经发〔2010〕8号公布）

★ 农业部办公厅关于规范鱿鱼渔业渔捞日志的通知

附 录

(2010年6月30日农办渔〔2010〕70号公布)

★ 农业部关于加强海洋馆和水族馆等场馆水生野生动物驯养展演活动管理的通知(2010年9月2日农渔发〔2010〕36号公布)

★ 农业部关于印发《渔业船舶水上事故统计规定》的通知(2010年10月29日农渔发〔2010〕41号公布)

★ 台湾地区申请人在大陆申请植物新品种权的暂行规定(2010年11月22日农业农村部、林业局公告第1487号公布)

★ 农业部关于印发《全国农牧渔业丰收奖奖励办法》的通知(2010年9月14日农科教发〔2010〕3号公布)

★ 农业部、国家档案局关于加强农村土地承包档案管理工作的意见(2010年9月25日农经发〔2010〕12号公布)

★ 将向日葵黑茎病列入《中华人民共和国进境植物检疫性有害生物名录》,出口国官方植物检疫机构出具输华向日葵种子产地没有向日葵黑茎病及其他检疫性有害生物发生的证明(2010年10月20日农业部、质检总局公告第1472号公布)

★ 农业部关于印发《农业部定点市场管理办法》的通知(2010年10月26日农市发〔2010〕11号公布)

★ 禁止在饲料和动物饮水中使用的物质(2010年12月27日农业部公告第1519号公布)

★ 农业部办公厅关于兽药生产企业办理《兽药经营许可证》有关问题的函(2011年2月15日农办医函〔2011〕12号公布)

★ 农业部关于印发《奶畜养殖和生鲜乳收购运输环节

违法行为依法从重处罚的规定》的通知（2011年4月11日农牧发〔2011〕4号公布，2022年1月7日农业农村部令2022年第1号修订）

★ 高毒农药禁限用措施（2011年6月15日农业部、工业和信息化部、生态环境部、工商总局、质检总局公告第1586号公布）

★ 将木薯绵粉蚧和异株苋亚属杂草列入《中华人民共和国进境植物检疫性有害生物名录》（2011年6月20日农业部、质检总局公告第1600号公布）

★ 农业部关于加强远洋渔业安全生产工作的通知（2011年9月29日农渔发〔2011〕28号公布）

★ 农业部办公厅关于国内兽药生产企业出口兽药使用外文标签和说明书问题的函（2011年10月13日农办医函〔2011〕30号公布）

★ 对猪感染甲型H1N1流感按三类动物疫病采取预防控制措施（2011年10月24日农业部公告第1663号公布）

★ 农业部、监察部关于印发《农村集体经济组织财务公开规定》的通知（2011年11月21日农经发〔2011〕13号公布）

★ 养蜂管理办法（试行）（2011年12月14日农业部公告第1692号公布）

★ 转基因抗虫棉检测（2011年12月14日农业部公告第1693号公布）

★ 农业机械实地安全检验办法（2011年12月15日农业部公告第1689号公布）

★ 禁止进口德国、新西兰油菜茎基溃疡病菌寄主植物

附　录

种子（2011 年 12 月 21 日农业部、质检总局公告第 1676 号公布）

★ 调整水产品海关商品编码（2011 年 12 月 29 日农业部、海关总署公告第 1696 号公布）

★ 停止受理部分产品生产线项目兽药 GMP 验收申请（2012 年 1 月 5 日农业部公告第 1708 号公布）

★ 草甘膦管理措施（2012 年 3 月 26 日农业部公告第 1744 号公布）

★ 百草枯管理措施（2012 年 3 月 26 日农业部公告第 1745 号公布）

★ 饲料原料目录（2012 年 6 月 1 日农业部公告第 1773 号公布）

★ 将地中海白蜗牛列入《中华人民共和国进境植物检疫性有害生物名录》（2012 年 9 月 17 日农业部、质检总局公告第 1831 号公布）

★ 饲料生产企业许可条件、混合型饲料添加剂生产企业许可条件（2012 年 10 月 22 日农业部公告第 1849 号公布，2017 年 11 月 30 日农业部令 2017 年第 8 号修订）

★ 饲料添加剂生产许可申报材料要求、混合型饲料添加剂生产许可申报材料要求、添加剂预混合饲料生产许可申报材料要求、浓缩饲料、配合饲料、精料补充料生产许可申报材料要求和单一饲料生产许可申报材料要求（2012 年 11 月 29 日农业部公告第 1867 号公布，2017 年 11 月 30 日农业部令 2017 年第 8 号修订）

★ 农业部办公厅关于印发《全国农牧渔业丰收奖奖励办法实施细则》的通知（2013 年 1 月 7 日农办科〔2013〕

2 号公布）

★ 国家重点管理外来入侵物种名录（第一批）（2013年 2 月 1 日农业部公告第 1897 号公布）

★ 新兽药监测期等有关问题公告（2013 年 2 月 16 日农业部告第 1899 号公布）

★ 进口鱼粉级别变更（2013 年 5 月 6 日农业部公告第 1935 号公布）

★ 动物感染 H7N9 禽流感病毒调整为按二类动物疫病管理（2013 年 5 月 24 日农业部公告第 1950 号公布）

★ 中华人民共和国进境动物检疫疫病名录（2013 年 11 月 28 日农业部、质检总局公告第 2013 号公布）

★《饲料原料目录》修订（2013 年 12 月 19 日农业部公告第 2038 号公布）

★ 饲料添加剂品种目录（2013）（2013 年 12 月 30 日农业部公告第 2045 号公布）

★ 将白蜡鞘孢菌列入《中华人民共和国进境植物检疫性有害生物名录》，暂停从白蜡鞘孢菌疫情发生国家和地区引进白蜡属植物种子、苗木等繁殖材料（2013 年 3 月 6 日农业部、质检总局、林业局公告第 1902 号公布）

★ 对氯磺隆等七种农药采取进一步禁限用措施（2013 年 12 月 9 日农业部公告第 2032 号公布）

★ 农业部关于实施海洋捕捞准用渔具和过渡渔具最小网目尺寸制度的通告（2013 年 11 月 29 日农业部通告〔2013〕1 号公布）

★ 农业部关于禁止使用双船单片多囊拖网等十三种渔具的通告（2013 年 11 月 29 日农业部通告〔2013〕2 号公布）

附　录

★ 国家级畜禽遗传资源保护名录（2014年2月14日农业农村部公告第2061号公布）

★ 进口饲料和饲料添加剂登记申请材料要求、新饲料添加剂申报材料要求（2014年6月5日农业部公告第2109号公布，2016年5月30日农业部令2016年第3号、2019年11月4日农业农村部公告2019年第226号修订）

★《饲料原料目录》修订（2014年7月24日农业部公告第2133号公布）

★《饲料添加剂品种目录（2013）》修订（2014年7月24日农业部公告第2134号公布）

★ 重要农业文化遗产管理办法（2015年8月28日农业部公告第2283号公布）

★ 农村土地承包经营权登记簿证样式（2015年10月10日农办经〔2015〕23号公布）

★ 杀扑磷等3种农药管理措施（2015年8月22日农业部公告第2289号公布）

★ 农业部、国家档案局关于印发《农村土地承包经营权确权登记颁证档案管理办法》的通知（2014年11月20日农经发〔2014〕12号公布）

★ 食品动物用兽药产品注册要求补充规定（2015年3月2日农业部公告第2223号公布）

★《饲料原料目录》修订（2015年4月22日农业部公告第2249号公布）

★ 停止在食品动物中使用洛美沙星等4种原料药的各种盐、脂及各种制剂的公告（2015年9月1日农业部公告第2292号公布）

★ 新兽用生物制品研发临床试验靶动物数量调整（2015年11月24日农业部公告第2326号公布）

★ 兽医诊断制品生产质量管理规范（2015年12月9日农业部公告第2334号公布）

★ 兽药非临床研究质量管理规范（2015年12月9日农业部公告第2336号公布）

★ 兽药临床试验质量管理规范（2015年12月9日农业部公告第2337号公布）

★《兽医诊断制品注册规定》修订（2015年12月10日农业部公告第2335号公布）

★ 停止硫酸黏菌素作为药物饲料添加剂使用（2016年7月26日农业部公告第2428号公布）

★ 对2，4——滴丁酯、百草枯、三氯杀螨醇、氟苯虫酰胺、克百威、甲拌磷、甲基异柳磷、磷化铝等8种农药采取管理措施（2016年9月7日农业部公告第2445号公布）

★ 兽医处方格式及应用规范（2016年10月8日农业部公告第2450号公布）

★《兽药非临床研究质量管理规范监督检查标准》《兽药临床试验质量管理规范监督检查标准》及其监督检查相关要求（2016年10月27日农业部公告第2464号公布）

★ 兽药产品说明书范本（2016年10月27日农业部公告第2465号公布）

★ 口蹄疫、高致病性禽流感疫苗生产企业设置规划（2016年11月11日农医发〔2016〕37号公布）

★ 兽药产品批准文号批件变更工作要求（2016年12月21日农业部公告第2481号公布）

附 录

★ 农业部关于赤水河流域全面禁渔的通告（2016 年 12 月 27 日农业部通告〔2016〕1 号公布）

★ 农业部关于进一步加强国内渔船管控实施海洋渔业资源总量管理的通知（2017 年 1 月 12 日农渔发〔2017〕2 号公布）

★ 农业部关于长江干流实施捕捞准用渔具和过渡渔具最小网目尺寸制度的通告（试行）（2017 年 1 月 20 日农业部通告〔2017〕1 号公布）

★ 农业部关于发布珠江、闽江及海南省内陆水域禁渔期制度的通告（2017 年 2 月 24 日农业部通告〔2017〕4 号公布）

★ 宠物用兽药说明书范本（2017 年 4 月 1 日农业部公告第 2512 号公布）

★ 停止生产使用狂犬病活疫苗（2017 年 4 月 7 日农业部公告第 2514 号公布）

★ 家禽 H7N9 检测有关事项（2017 年 4 月 14 日农业部公告第 2516 号公布）

★ 生猪屠宰（厂）场飞行检查办法（2017 年 4 月 19 日农业部公告第 2521 号公布）

★ 农业部兽药评审专家管理办法（2017 年 6 月 2 日农业部公告第 2507 号公布）

★ 执业兽医资格考试管理办法（2017 年 6 月 12 日农业部公告第 2537 号公布）

★ 港澳台居民参加全国执业兽医资格考试及执业管理规定（2017 年 6 月 12 日农业部公告第 2539 号公布）

★ 硫丹等 5 种农药管理措施（2017 年 7 月 14 日农业

部公告第 2552 号公布）

★ 限制使用农药名录（2017 年 8 月 31 日农业部公告第 2567 号公布）

★ 农药生产许可审查细则（2017 年 9 月 3 日农业部公告第 2568 号公布）

★ 农药登记资料要求（2017 年 9 月 13 日农业部公告第 2569 号公布）

★ 农药登记试验单位评审细则、农药登记试验质量管理规范（2017 年 9 月 3 日农业部公告第 2570 号公布，2022 年 1 月 7 日农业部令 2022 年第 1 号修订）

★ 农药标签二维码格式及生成要求（2017 年 9 月 5 日农业部公告第 2579 号公布）

★ 人工繁育国家重点保护水生野生动物名录（第一批）（2017 年 11 月 13 日农业部公告第 2608 号公布）

★ 兽药生产企业飞行检查管理办法（2017 年 11 月 21 日农业部公告第 2611 号公布）

★ 农业部关于公布率先全面禁捕长江流域水生生物保护区名录的通告（2017 年 11 月 23 日农业部通告〔2017〕6 号公布）

★ 饲料添加剂安全使用规范（2017 年 12 月 15 日农业部公告第 2625 号公布）

★《饲料原料目录》《饲料添加剂品种目录（2013）》修订（2017 年 12 月 28 日农业部公告第 2634 号公布）

★ 农业部关于进一步加强直属单位建设项目监管的意见（2017 年 12 月 29 日农发〔2017〕201 号公布）

★ 亚洲 I 型口蹄疫免疫退出有关事项（2017 年 12 月

附　录

29 日农业部公告第 2635 号公布）

★ 农业部关于实行黄河禁渔期制度的通告（2018 年 2 月 8 日农业部通告〔2018〕2 号公布）

★ 农业部关于实施带鱼等 15 种重要经济鱼类最小可捕标准及幼鱼比例管理规定的通告（2018 年 2 月 8 日农业部通告〔2018〕3 号公布）

★ 生猪屠宰质量安全监管有关事项（2018 年 4 月 16 日农业农村部公告第 10 号公布）

★ 宠物饲料管理办法、宠物饲料生产企业许可条件、宠物饲料标签规定、宠物饲料卫生规定、宠物配合饲料生产许可申报材料要求、宠物添加剂预混合饲料生产许可申报材料要求（2018 年 4 月 27 日农业部公告第 20 号公布）

★《饲料添加剂品种目录（2013）》修订（2018 年 4 月 27 日农业农村部公告第 21 号公布）

★《饲料原料目录》修订（2018 年 4 月 27 日农业农村部公告第 22 号公布）

★ 农业农村部、中国人民银行、国家市场监督管理总局关于开展农村集体经济组织登记赋码工作的通知（2018 年 5 月 11 日农经发〔2018〕4 号公布）

★ 农业农村部、国家发展和改革委员会、财政部、商务部、中国人民银行、国家税务总局、中国证券监督管理委员会、中华全国供销合作总社关于印发《农业产业化国家重点龙头企业认定和运行监测管理办法》的通知（2018 年 5 月 16 日农经发〔2018〕1 号公布）

★ 濒危野生动植物种国际贸易公约附录水生物种核准为国家重点保护野生动物名录（2018 年 10 月 9 日农业农

村部公告第69号公布）

★加强生猪运输车辆监管（2018年10月31日农业农村部公告第79号公布）

★兽药严重违法行为从重处罚情形（2018年12月4日农业农村部公告第97号公布）

★进一步强化以猪血为原料的饲用血液制品生产过程管控的有关要求（2018年12月28日农业农村部公告第91号公布）

★农业农村部关于调整长江流域专项捕捞管理制度的通告（2018年12月28日农业农村部通告〔2018〕5号公布）

★非洲猪瘟防控期间全面开展生猪屠宰及生猪产品流通等环节非洲猪瘟检测（2019年1月2日农业农村部公告第119号公布）

★《饲料添加剂品种目录（2013）》修订（2019年1月15日农业农村部公告第123号公布）

★农业农村部关于实行海河、辽河、松花江和钱塘江等4个流域禁渔期制度的通告（2019年1月15日农业农村部通告〔2019〕1号公布）

★农业农村部关于施行渔船进出渔港报告制度的通告（2019年1月21日农业农村部通告〔2019〕2号公布）

★农业农村部关于印发《农业机械试验鉴定工作规范》的通知（2019年3月8日农机发〔2019〕3号公布）

★氟虫胺管理措施（2019年3月22日农业农村部公告第148号公布）

★《饲料添加剂品种目录（2013）》修订（2019年4月16日农业农村部公告第163号公布）

附　录

★ 规范农业行政处罚自由裁量权办法（2019年5月31日农业农村部公告第180号公布，2022年1月7日农业农村部令2022年第1号修订）

★ 农业部、发展改革委、工业和信息化部、财政部、生态环境部、市场监管总局关于加快推进农用地膜污染防治的意见（2019年6月26日农科教发〔2019〕1号公布）

★ 药物饲料添加剂退出和管理政策调整公告（2019年7月9日农业农村部公告第194号公布）

★ 人工繁育国家重点保护水生野生动物名录（第二批）（2019年7月29日农业农村部公告第200号公布）

★ 农业农村部关于印发《远洋渔船船位监测管理办法》的通知（2019年8月1日农渔发〔2019〕22号公布）

★ 《饲料添加剂品种目录（2013）》修订（2019年11月18日农业农村部公告第231号公布）

★ 非洲猪瘟疫情有奖举报暂行办法（2019年11月18日农业农村部公告第233号公布）

★ 农业农村部、自然资源部关于规范农村宅基地审批管理的通知（2019年12月12日农经发〔2019〕6号公布）

★ 无规定动物疫病小区评估管理办法（2019年12月17日农业农村部公告第242号公布）

★ 农业农村部关于印发《全国试行食用农产品合格证制度实施方案》的通知（2019年12月18日农质发〔2019〕6号公布）

★ 农业农村部关于长江流域重点水域禁捕范围和时间的通告（2019年12月27日农业农村部通告〔2019〕4号公布）

★ 食品动物中禁止使用的药品及其他化合物清单（2019年12月27日农业农村部公告第250号公布）

★ 无菌兽药等5类兽药生产质量管理要求（2020年4月30日农业农村部公告第292号公布）

★ 农业农村部关于印发《农业综合行政执法事项指导目录（2020年版）》的通知（2020年5月27日农法发〔2020〕2号公布）

★ 国家畜禽遗传资源目录（2020年5月27日农业农村部公告第303号公布）

★ 仅供境外使用农药产品登记申请有关事项（2020年6月8日农业农村部公告第269号公布）

★ 养殖者自行配制饲料有关规定（2020年6月12日农业农村部公告第307号公布）

★ 一类农作物病虫害名录（2020年9月15日农业农村部公告第333号公布）

★ 兽医诊断制品注册分类及注册资料要求（2020年9月29日农业农村部公告第342号公布）

★ 农业农村部关于发布长江流域重点水域禁用渔具名录的通告（2021年10月11日农业农村部通告〔2021〕4号公布）

★ 全国农业植物检疫性有害生物名单、应施检疫的植物及植物产品名单（2020年11月4日农业农村部公告第351号公布）

★ 农业农村部关于设立长江口禁捕管理区的通告（2020年11月19日农业农村部通告〔2020〕3号公布）

★ 农业农村部办公厅关于印发《非法捕捞案件涉案物

品认（鉴）定和水生生物资源损害评估及修复办法（试行）》的通知（2020年12月22日农办渔〔2020〕24号公布）

★农业农村部关于印发《渔业执法工作规范（暂行）》的通知（2020年12月29日农渔发〔2020〕27号公布）

★兽药注册评审工作程序（2021年1月21日农业农村部公告第392号公布）

★国家重点保护野生动物名录（2021年2月1日国家林草局、农业农村部公告2021年第3号公布）

★农业农村部关于调整海洋伏季休渔制度的通告（2021年2月22日农业农村部通告〔2021〕1号公布）

★农业农村部关于印发《非洲猪瘟疫情应急实施方案（第五版）》的通知（2021年3月17日农牧发〔2021〕7号公布）

★《中华人民共和国进境植物检疫性有害生物名录》的公告（2021年4月9日农业农村部、海关总署公告第413号公布）

★农业农村部关于印发《非洲猪瘟等重大动物疫病分区防控工作方案（试行）》的通知（2021年4月16日农牧发〔2021〕12号公布）

★农作物病虫害专业化防治服务管理办法（2021年4月22日农业农村部公告第351号公布）

★农业农村部办公厅关于加强养殖刀鲚管理的通知（2021年4月26日农办渔〔2021〕7号公布）

★农业农村部、司法部关于印发《培育农村学法用法

示范户实施方案》的通知（2021 年 7 月 16 日农法发〔2021〕9 号公布）

★ 农业农村部办公厅关于进一步做好新版兽药 GMP 实施工作的通知（2021 年 9 月 14 日农办牧〔2021〕35 号公布）

★ 中华人民共和国禁止携带、寄递进境的动植物及其产品名录（2021 年 10 月 20 日农业农村部、海关总署公告第 470 号公布）

★ 人工繁育国家重点保护水生野生动物名录（第三批）（2021 年 11 月 16 日农业农村部公告第 490 号公布）

★ 优化农药进出口管理服务（2021 年 12 月 24 日农业农村部、海关总署公告第 416 号公布）

★ 动物检疫管理办法（2022 年 9 月 7 日农业农村部令 2022 年第 7 号公布）

★ 动物防疫条件审查办法（2022 年 9 月 7 日农业农村部令 2022 年第 8 号公布）

★ 农业综合行政执法管理办法（2022 年 11 月 22 日农业农村部令 2022 年第 9 号公布）

参考文献

《马克思恩格斯选集》第1卷，人民出版社2012年版。

习近平：《高举中国特色社会主义伟大旗帜　为全面建设社会主义现代化国家而团结奋斗——在中国共产党第二十次全国代表大会上的报告》，人民出版社2022年版。

习近平：《论"三农"工作》，中央文献出版社2022年版。

习近平：《习近平谈治国理政》第四卷，外文出版社2022年版。

习近平：《习近平谈治国理政》第一卷，外文出版社2018年版。

习近平：《习近平谈治国理政》第三卷，外文出版社2020年版。

习近平：《习近平著作选读》第二卷，人民出版社2023年版。

习近平：《在文化传承发展座谈会上的讲话》，《求是》2023年第17期。

习近平：《扎实推动共同富裕》，《求是》2023年第20期。

习近平：《加快建设农业强国　推进农业农村现代化》，《求是》2023年第6期。

中共中央宣传部、中华人民共和国生态环境部编：《习近平生态文明思想学习纲要》，学习出版社、人民出版社2022年版。

中共中央党史和文献研究院编：《习近平关于"三农"工作论述摘编》，中央文献出版社2019年版。

中共中央党史和文献研究院编：《习近平关于国家粮食安全论述摘编》，中央文献出版社2023年版。

《中央经济工作会议在北京举行》，《人民日报》2023年12月23日第1版。

《中共中央　国务院关于实施乡村振兴战略的意见》，《人民日报》2018年2月5日第1版。

习近平：《论坚持党对一切工作的领导》，中央文献出版社2019年版。

《习近平李克强王沪宁赵乐际韩正分别参加全国人大会议一些代表团审议》，《人民日报》2018年3月9日第1版。

《习近平在江西考察时强调　解放思想开拓进取扬长补短固本兴新　奋力谱写中国式现代化江西篇章》，《人民日报》2023年10月14日第1版。

《习近平在同中华全国总工会新一届领导班子成员集体谈话时强调　坚持党对工会的全面领导　组织动员亿万职工积极投身强国建设民族复兴伟业》，《人民日报》2023年10月24日第1版。

《中共中央关于进一步全面深化改革　推进中国式现代化的决定》，人民出版社2024年版。

布·马林诺斯基：《〈江村经济〉序言》，载费孝通《江村经济》，商务印书馆 2001 年版。

陈锡文：《乡村振兴与农业农村现代化》，载《农业农村部农村经济研究中心：走好中国特色社会主义乡村振兴道路》，研究出版社 2022 年版。

重庆市总工会课题组：《关于党建带工建助力乡村治理的调研报告——以重庆市丰都县实践探索为例》，《重庆行政》2023 年第 3 期。

刁生虎：《习近平生态文明思想对中华传统生态智慧的传承与发展》，《江苏社会科学》2022 年第 2 期。

范建华、秦会朵：《关于乡村文化振兴的若干思考》，《思想战线》2019 年第 4 期。

谷晓芸：《推进乡村生态振兴：现实困境与突破路径》，《农业经济》2023 年第 12 期。

郭小嫚等主编：《乡村振兴研究报告》，研究出版社 2022 年版。

郭星星：《农村生态文明建设助推乡村全面振兴存在的问题与路径研究》，《农业经济》2024 年第 2 期。

郭元凯、谌玉梅：《组织振兴：构建新时代乡村治理体系》，中原农民出版社 2019 年版。

郎宇、王桂霞：《生态资源价值化助推乡村振兴的逻辑机理与突破路径》，《自然资源学报》2024 年第 1 期。

梁盛凯、陈池波：《乡村产业振兴与农民共同富裕：理论线索与经验证据》，《农村经济》2024 年第 1 期。

刘艳霞：《乡村振兴背景下农村社会工作人才队伍建设研究》，《人民论坛·学术前沿》2023 年第 15 期。

刘英杰：《乡村振兴发展背景下生态旅游协调发展问题研

究》，《环境工程》2023年第7期。

青平、王敬斌、蔡炜炜：《对农业强国建设中乡村产业振兴的几点思考》，《经济纵横》2023年第9期。

宋道雷：《国家与社会之间：工会双重治理机制研究》，《上海大学学报》（社会科学版）2017年第3期。

孙晋：《赋权增能：工会组织参与社会治理的行动逻辑与路径研究》，《天津市工会管理干部学院学报》2023年第3期。

索柏民、曲家奇：《以人才振兴促进乡村振兴的理论分析与路径探索》，《沈阳师范大学学报》（社会科学版）2024年第2期。

田阡、陈雪：《乡村振兴中的本土人才生成及其治理效应》，《北方民族大学学报》2023年第5期。

王磊：《乡村文化振兴是乡村振兴铸魂工程》，中国文明网2018年7月5日。

辛宝英、安娜、庞嘉萍编著：《人才振兴——构建满足乡村振兴需要的人才体系》，中原农民出版社、红旗出版社2019年版。

辛宝英：《乡村观察》，中国社会科学出版社2023年版。

徐晓风、刘海涛：《乡村振兴视域下县域生态文明建设的实践路径》，《学习与探索》2024年第2期。

徐勇：《乡村文化振兴与文化供给侧改革》，《东南学术》2018年第5期。

杨俊、张梦玲、朱臻：《生态振兴促进农民农村共同富裕的结构逻辑、实践模式与经验借鉴》，《农林经济管理学报》2024年第1期。

参考文献

于中鑫、李银兵、甘代军：《中国式现代化视域下乡村新生态文化建构研究》，《石河子大学学报》（哲学社会科学版）2024 年第 1 期。

张立畅：《发展乡村特色产业 全面推进乡村振兴》，《红旗文稿》2023 年第 22 期。

张丽琴、龙凤钊：《功能协调型：国家治理体系中的工会功能定位》，《兰州学刊》2016 年第 3 期。

张世光：《乡村要振兴，有产业还得有能人》，《工人日报》2024 年 3 月 10 日第 4 版。

张晓玉：《社会组织参与乡村治理的困境及路径分析》，《农业经济》2023 年第 12 期。

张孝德：《乡村振兴专家深度解读》，东方出版社 2021 年版。

章卫东、平静：《以产业振兴推进县域经济发展》，《人民论坛》2023 年第 24 期。

章文光：《为乡村振兴提供坚实人才支撑》，《人民论坛》2024 年第 1 期。

赵延安、陈凤仪：《乡村振兴战略的思想资源、科学内涵和实现路径》，《西北农林科技大学学报》（社会科学版）2023 年第 6 期。

《中国工会章程》，法律出版社 2023 年版。

中国文化书院学术委员会：《梁漱溟全集》第一卷，山东人民出版社 2005 年版。

《中华人民共和国工会法》，中国民主法制出版社 2022 年版。

后　　记

　　本书乃研究团队长期调研与讨论的成果，是我们关于中国乡村振兴与工会工作研究成果面向党政干部、工会干部及一般读者的"去学术化"表达。本书观点的形成、创新和渐成逻辑体系，既是因应全面推进强国建设、民族复兴伟业宏观形势演进的理论需求，也是呼应中国工会各级组织在乡村振兴实践工作中不断提出的理论更新要求。

　　本书在编写过程中进行了多次集中讨论和修改完善，全书的总体设计与书稿的审定工作由我负责，山东管理学院工会理论研究院与乡村振兴研究中心的李善乐、潘冬霞、庞嘉萍、刘丰伟同志承担了本书相关章节的撰写工作。具体撰稿分工如下：前言、第一章、后记以及附录部分内容由我撰写；第二章、第三章中关于产业振兴与人才振兴的理论内容由庞嘉萍同志撰写；第四章中关于文化振兴的理论内容由刘丰伟同志撰写；第五章、第六章中关于生态振兴与组织振兴的理论内容由李善乐同志撰写；第二章至第六章中工会助力乡村振兴的主要举措与经典案例内容由潘冬霞同志负责。

　　本书在研究过程中，得到了中华全国总工会、山东省

后 记

总工会、潍坊市总工会、菏泽市总工会、临沂市总工会、滨州市总工会、德州市总工会、长清区总工会、山东省农林水工会、山东管理学院等单位同志的大力支持和帮助。中华全国总工会研究室主任陶志勇同志、山东管理学院党委书记魏勇同志对本书的写作提出了宝贵意见，并在百忙之中赐序。山东管理学院原党委书记冯庆禄同志、校长韩作生同志、党委副书记孙琪同志、副校长李国栋同志，对本书的写作给予指导和鼓励。山东英才学院党委书记朱晓梅同志，对本书的写作给予帮助和支持。中国社会科学出版社王衡编辑，为本书的出版付出了辛勤劳动，也为我们提供了许多支持。在此，一并表示感谢。同时，本书写作过程中参考了大量文献及网络资料，我们采用了文献引用的方式表示尊重和感谢。特别强调的是，与我一同开展理论研究与乡村振兴实践探索的团队成员们，他们每个人都在各自的工作岗位上承担着繁重的任务，因此，借此书出版之机，向他们表示感谢。

希望本书能够为新时代从事"乡村振兴"相关的理论研究者和实践探索者，特别是各级工会干部提供系统性的观察视角和有益参考，更期待此项研究能够抛砖引玉，促使"乡村振兴"这一领域的相关研究能够更加深入、成果更加丰富。由于时间紧迫且能力有限，书中难免有不足之处，敬请广大读者及专家学者提出宝贵意见，共同推动乡村振兴战略的实施。

辛宝英

2024 年 8 月 18 日